Nuevo rumbo venezolano

«No hay nada más poderoso que una idea cuyo tiempo ha llegado»

Víctor Hugo

Primera corrección Lesley González Querales

Caracas, 5 de julio de 2019

Índice

Introducción

El nuevo rumbo venezolano, busca responder a varias interrogantes que como venezolanos y como nación debemos hacernos: ¿De dónde venimos? ¿Quiénes somos? ¿Cuáles son nuestras debilidades? ¿Cuáles son nuestras oportunidades? ¿A dónde vamos?

Haremos un recorrido por nuestra historia aborigen, por nuestra historia republicana a través de los hombres que lideraron nuestra nación. Hemos sido dirigidos en su mayoría por gobernantes militares, el primer gobierno civil, el de José María Vargas fue derrocado por militares a los seis meses, el primer gobierno escogido por elección directa, secreta y universal, el de Rómulo Gallegos, duró nueve meses cuando fue derrocado por militares liderados como Pérez Jiménez y Delgado Chalbaud.

El militarismo ha signado nuestra historia, llena de guerras civiles, donde el liderazgo civil ha sido renegado. Nuestra historia política demuestra que no hemos evolucionado, somos un país que no sabe a dónde va. Una nación fundada por los libertadores, bajo los ideales de Francisco de Miranda y de

Simón Bolívar, bajo la premisa de una gran nación, pero que perdió su rumbo durante más de cien años de guerras civiles.

Nuestra efímera historia democrática, cayó a un abismo empujada por la ignorancia, la falta de conciencia democrática, las desigualdades, los rencores que se fueron tejiendo en la sociedad. No se preparó a la población para la democracia, tampoco se prepararon nuevos liderazgos y los partidos se convirtieron en los grandes destructores de la libertad alejados del pueblo que los había elegido.

Las condiciones para el establecimiento de una ideología basada en el odio, estaban allí en 1998 y antes, así como hoy esas condiciones están en muchos países de Latinoamérica, algo que es sumamente peligroso para todos. Alguien capitalizó esos odios, deseos y esperanzas de cambio y estableció una autocracia. El chavismo hizo retroceder la sociedad a los peores horrores del siglo XIX.

Por eso, contaremos la historia de cómo el chavismo destruyó nuestra nación, a través de la evolución de dichos acontecimientos. Empezaremos a entender sus crímenes y también nuestras culpas, nuestros errores, nuestras debilidades que como pueblo no hemos podido resolver desde el inicio de nuestra vida republicana y una vez allí, comenzaremos el camino hacia la rectificación.

El nuevo rumbo de la nación venezolana, es lo que nunca hemos hecho porque no sabíamos cómo se debía hacer pero ha llegado la hora para que muchos de nosotros que pensamos de formas muy parecidas comencemos a labrar el camino hacia el desarrollo económico y social de nuestro país.

Nuestros recursos naturales y humanos son amplios, pero no hemos sabido articularlos, ordenarlos, fijarles un objetivo y transitar un camino para conquistarlos. Esa es la esencia de este libro, es marcar el rumbo de la nación que necesitamos.

Esta obra no busca establecer un dogma tampoco es dueña de la verdad absoluta pero le abre la puerta a un debate que todos debemos dar, le abre la puerta a unas ideas que han sido ignoradas hasta hoy. Es ahora cuando les toca salir a la superficie. Es el momento.

Capítulo I
La estirpe originaria: Poder Caribe

Es preciso iniciar este trabajo desde el origen de esta tierra antes de llamarse Venezuela, hablar de los habitantes originarios, de los indígenas, - aclarando que el término "indígenas" no es el más acertado pues deriva del nombre dado por los españoles: indios, indianos - a estas etnias, debido a que ellos pensaron que habían llegado a la India. Los habitantes originarios de estas tierras eran distintos en costumbres y composición social; estaban representados notoriamente por los Arawacos, Timote-Cuicas, Jirajaras; y los Caribes, de ellos su grito de guerra "¡Anakarina rote aunicon paparoto mantoro itoto manto! - ¡in omni veritate!" en castellano: "¡Solo nosotros somos gente, aquí no hay cobardes ni nadie se rinde y esta tierra es nuestra!" denotaba la fuerza que poseían como pueblo.

Los pueblos Caribes se caracterizaron por ser aguerridos, tener un gran sentido de pertenencia, así como, el dominio y control comercial que ejercieron sobre el mar que lleva su nombre. El carácter que los definió fue sin duda: el expansionismo, su capacidad para navegar por espacios marítimos y fluviales, les permitió colonizar – incluso antes de Colón - y asentarse en nuevos territorios. Es un aspecto que debemos rescatar de nuestra esencia, desde siempre hemos sido líderes.

Asimismo, su carácter bélico los llevó a conquistar territorios habitados por las etnias de origen Arawaco, eliminando a los hombres y mezclándose con las mujeres de dichas etnias. Su composición social la encabezaba un gobernante, un cacique, que ejercía la autoridad política y el liderazgo de la etnia. Siempre se mantuvieron en guerras y conflictos.

Mucho se ha dicho de los pueblos de lengua Caribe, desde los sacrificios hasta el canibalismo, más allá de las realidades de las culturas aborígenes centroamericanas, la mayoría fueron argumentos utilizados por los españoles para exterminar a "los salvajes e ignorantes". Se dice que la historia la escriben los vencedores, y en su momento, lo fueron los colonizadores.

Se conoce en la historia a caciques como Guaicaipuro, cacique de la etnia Teques, y guapotorí o jefe de la Confederación de tribus que intentaron, sin éxito ciertamente pero con coraje, echar a los invasores de sus legítimas tierras.

El cacique Tamanaco, quien sucedería a Guaicaipuro, pondría en jaque a los españoles en 1573, también el cacique Baruta, lideró a los Mariches y era hijo del cacique Guaicaipuro y Urquia, una mujer indígena. Entre otros líderes que resistieron con valor a los españoles, quienes lograron al final consolidar la colonización.

Ahora bien, concentrémonos en la forma de vida de los pueblos originarios de nuestras tierras, y su relación armónica con la naturaleza, que fue destruida y despreciada a lo largo de la historia que contaron los españoles. Los árboles para ellos eran fuentes de medicinas, alimento y materiales para uso rutinario y otros fines. Tal es el caso del árbol de totumo o taparo (*Crescentia cujete*) con el que elaboraban la "maraca", un instrumento musical que aún está en nuestra cultura, fabricado con la cáscara esférica del fruto, llenándola de semillas y colocando un mango de madera, también era utilizado como medicina tras la cocción de su fruto para tratar afecciones respiratorias.

Utilizaban el cumare (*Astrocaryum aculeatum*) una palma de múltiples usos para ellos, con el raquis de las hojas fabricaban fechas, con las hojas confeccionaban chinchorros, hamacas, cestas, cuerdas, redes de pesca, entre otros.

Así pues, los pueblos aborígenes mostraron y aún muestran una gran conexión con la naturaleza, formando parte de sus rituales, de sus creencias, objetos como plumas fueron usados en su vestimenta diaria y de combate. Cuenta la leyenda que al morir Guaicaipuro, su esposa Urquia le dio al hijo de ambos, el cacique Baruta, un penacho de plumas rojas como símbolo del poder, del mando y del linaje de su padre; de este hecho podemos destacar la conexión con la naturaleza y la identificación con la estirpe a la que pertenecían.

Se sabe de los pueblos originarios de Venezuela, que existían diversas etnias y grupos que comerciaban entre sí, y que mantenían conflictos por el poder y el territorio. Tras la llegada de los españoles no resistieron a las enfermedades traídas del viejo mundo y no pudieron combatirlos por lo que fueron dominados y esclavizados.

El objetivo de la guerra es dominar al enemigo, doblegar su fuerza, y acabar con su ideología y su estilo de vida, fue precisamente lo que los colonizadores hicieron con estos pueblos. En el interior del país los aborígenes poseían asentamientos y ciudadelas que fueron destruidas por los españoles, Coro fue la primera ciudad de Venezuela pero El Tocuyo fue la primera ciudad tierra adentro, la llamada ciudad madre, ayudó a fundar a las demás ciudades.

Si analizamos la forma de hacer la guerra por parte de los españoles, ellos primero intentaron atraer a los aborígenes hacia su estilo de vida, creencias y sistema de valor económico, (entiéndase el intercambio de oro y perlas). Luego en una segunda fase ellos van hacia la destrucción del aborigen, el sometimiento religioso y la esclavización, destruyendo sus creencias, ciudadelas, su dignidad, su jerarquía social, siendo luego sometidos totalmente.

Aquí se desarrollan varios tipos de guerra, la psicológica, la cultural, religiosa, y una no planificada la biológica, las enfermedades que trajeron los españoles y contra las que los aborígenes no tenían defensas pues vivieron aislados del mundo antiguo. Todo eso los llevó a su dominación.

Asimismo, si analizáramos jurídicamente los actos de los colonizadores, encontraríamos que cometieron crímenes que serían considerados hoy como de lesa humanidad, constituyendo un genocidio auspiciado por la iglesia católica española y corona de entonces. Esos antecedentes, fueron usados años después por el chavismo para generar una ideología de odio, de retórica antiimperialista en "favor de los indígenas" pero que terminó masacrándolos cuando se opusieron a ellos.

La fundación de Venezuela

Como todos sabemos antes de la fundación del actual territorio de Venezuela, luego de la conquista definitiva de estos territorios, se le otorgó el estatus de Capitanía General, anexándose al Virreinato de Nueva Granada en 1777, Venezuela nació bajo las tradiciones españolas, de sociedades fundadas en el valle de los ríos con calles de trazado hipodámico, de ángulos rectos.

Más allá de las resistencias indígenas, una sociedad españolizada se instauró en estas tierras y los hijos de los españoles nacidos en Venezuela, establecieron relaciones económicas entre sí, adquirieron esclavos con regularidad y llegaron a gozar de ciertos beneficios pero claramente se creó una división social desde su fundación.

Los nacidos en España ostentaban el primer lugar en la pirámide social, divididos por quienes poseían un título nobiliario (miembros de la familia real en primer lugar y en segundo orden quienes lo habían adquirido mediante pago). Los ciudadanos blancos, hijos de españoles nacidos en el nuevo mundo y de gran poder económico, eran conocidos en Venezuela como mantuanos. Mantuanos, porque solo las mujeres de esta clase social tenían derecho a usar el manto en la iglesia, muestra que la corona y la iglesia católica alentaron de manera conjunta esta división social.

Los blancos de orilla eran ciudadanos provenidos de España pero sin poder económico alguno. Seguido de los mestizos o pardos, mulatos y zambos, principalmente peones y obreros en haciendas; los indios o indígenas eran los habitantes originarios de América que esclavizados o indomables permanecían (y permanecen) libres en algunos territorios de Venezuela.

Por último, estaban los esclavos africanos y los cimarrones, que eran fugitivos que se negaban a ser esclavos y escapaban a las selvas para vivir en chozas evitando ser descubiertos por las autoridades coloniales españolas.

Cimarrón es un término peyorativo dirigido a animales que se mantienen salvajes como los caballos que no han sido domados, este término denota el racismo y desprecio por las personas de color que eran considerados infrahumanos y por lo tanto podían ser esclavizados para servir al "humano": Hombre blanco.

Si vemos a través de la historia muchos de nuestros próceres y personajes históricos de esta época representaron estas clases sociales, como es el caso de españoles como Miguel de la Torre, Pablo Morillo y Francisco Tomás Morales, quien fue el último capitán general de Venezuela, máximo representante de la corona española en el país.

Además, el Libertador Simón Bolívar perteneció a los blancos criollos y mantuanos, Francisco de Miranda era un blanco de orilla, cuyo padre surgió económicamente como comerciante llegando a ocupar puestos en la Milicia y comprando un grado militar para su hijo, pero los mantuanos nunca le quitaron el estigma de "blanco pobre".

Manuel Carlos Piar, era un pardo nacido en Curazao, fusilado por el ejército Libertador por intentar una insurrección de pardos y negros contra Simón Bolívar. José Leonardo Chirino era un zambo, responsable del primer alzamiento contra la corona española: la primera insurrección venezolana. La corona le cortó la cabeza y después de freírla la colocó en las puertas de la ciudad de Coro.

Españoles y mantuanos oprimieron a las demás clases sociales, con la diferencia que entre blancos criollos y españoles, había grandes disconformidades, debido al clasismo existente entre ellos incluso, fue quizás la primera lucha de clases en la naciente Venezuela.

A partir del 19 de abril de 1810, los blancos criollos fueron los primeros en oponerse a la dominación de la casta española, incluso Simón Bolívar reconocería en su discurso de Angostura en 1819, las razones económicas de su desacuerdo con la corona española.

Si analizamos algunas frases de este discurso, veremos cómo Bolívar atribuyó el "torbellino revolucionario" a las injusticias hechas por la corona española: "¿Queréis conocer los autores

de los acontecimientos pasados y del orden actual? ….
examinad las Leyes de Indias, el régimen de los antiguos
mandatarios, la influencia de la religión y del dominio extranjero".

La sociedad colonial de Venezuela previa a la guerra de
independencia era una sociedad españolizada, con un buen vivir
para los blancos criollos, que gozaban de buena música, buen
teatro, buenas artes, plazas, paseos a caballo, caminatas al
Ávila, bailes y banquetes dignos de su posición social.

Por supuesto, esa buena vida era a costa de la opresión de los
esclavos que servían la mesa, limpiaban las casas, atendían la
siembra, los hijos y a veces ofrecían favores sexuales a sus
esclavizadores.

Las clases inferiores no podían caminar en la misma acera de
los mantuanos y españoles, en fin, una serie de opresiones y
vejámenes que eran el caldo de cultivo para una revolución.

Con respecto al discurso de Angostura, Bolívar diría: "….nuestra
existencia política ha sido siempre nula y nos hallamos en tanta
más dificultad para alcanzar la libertad, cuanto que
estábamos colocados en un grado inferior al de la servidumbre"
en estas palabras el Libertador unifica a la naciente nación
hablando de los problemas de todas las clases venezolanas, la

inferioridad a la que habíamos sido relegados por el Reino de España.

Más adelante, Simón Bolívar habla de las privaciones que España tenía para los venezolanos, asegurando que estábamos "en la imposibilidad de conocer el curso de los negocios públicos", dejando claro que las razones de la independencia no eran solo políticas, o una corriente de la revolución francesa y la independencia estadounidense, sino que habían razones económicas, sociales y culturales para obtener la soberanía y ejercerla a plenitud.

Pero ciertamente, a pesar de estas legítimas ambiciones republicanas, el pueblo de Venezuela no estaba preparado para la independencia política, económica, social, cultural y militar, como lo demostraría la historia posteriormente, y es allí, en la historia donde reside la verdad de nuestros problemas pasados y futuros y la clave para saldar dicha deuda histórica.

Ciertamente, nuestro principal problema es ciudadano, convertir a un pueblo colonial en una nación independiente no es asunto sencillo, pues muchos pueblos de Europa necesitaron siglos de domesticación, tras largos períodos de guerras, sublevaciones, asesinatos, en fin, ellos hicieron correr la sangre y la violencia hasta que se hartaron de ellas.

El hecho de no haber vivido esa etapa, formó una división en Venezuela, entre bárbaros y republicanos y cada cierto tiempo esos bárbaros aparecen en nuestra historia y la manchan de sangre, sin sentido, sin algún objetivo más que la ambición personal.

Quizás uno de sus más antiguos y famosos representantes, fue José Tomás Boves, el urogallo, aquel hombre no era venezolano, sino español, no era un militar sino un mercenario, lo movía el odio hacia los blancos criollos y las más oscuras perversiones humanas, que lo llevaron al asesinato, el robo, el desmembramiento y la violación.

Boves formó bandas de hombres españoles y venezolanos que asaltaban pueblos, violaban a sus mujeres y niñas, saqueaban los objetos de valor como el oro, quemaban las casas y ahorcaban a sus habitantes colgándolos en las vías públicas.

Cometió crímenes que hoy serían calificados de lesa humanidad, fue precursor del terrorismo en Venezuela. Arrastró a la perversidad a muchos venezolanos de clase baja que veían con recelo la independencia y que sentían lógicamente un odio visceral hacia los blancos criollos que lideraban el bando patriota, como el propio Simón Bolívar.

Venezuela vivía por 1813 y 1814, uno de los tiempos más infernales, incluso la madre y hermana de quien sería después el gran Mariscal de Ayacucho, Antonio José de Sucre, serían vejadas por estos criminales y como la familia Sucre, miles más.

Más adelante en la historia, algunos de esos venezolanos que anduvieron con Boves, se cansarían de sus crímenes y su sadismo, decidieron pasarse a las filas patriotas, tal es el caso de Juan José Rondón, un llanero afrodescendiente de Guárico, él al igual que otros tendrían un papel decisivo en la independencia. Él representa a miles de venezolanos que entendieron la importancia de la independencia y que estaban siendo usados por los españoles.

Es donde se despierta el sentido de pertenencia y nacionalidad en muchos hombres y mujeres de la época.

En ese escenario se pudo observar una fuerte división de venezolanos en la época colonial, la primera de quienes apoyaban a la corona española y quienes tenían críticas, en el periodo pre-independentista. Luego, de quienes apoyaban a la corona española y a los patriotas, en el período de la guerra de independencia de Venezuela.

Solo la unión de ambos bandos, hizo posible que los patriotas alcanzarán la independencia de Venezuela del Reino de España. Ciertamente, la guerra de independencia no se ganó de la noche a la mañana, fue más bien, una guerra de resistencia en sus primeros años, y se extendería desde 1811 hasta 1823, al menos en Venezuela.

Fue la fuerza política y moral de los patriotas con el apoyo del pueblo, en especial de los llaneros, que inclinaron la balanza hacia la independencia, pero ¿qué conducía a los venezolanos pro-españoles a rechazar dicha independencia? De seguro era la ignorancia, el engaño y la inexperiencia política.

En el aquel período el crimen, la corrupción, la negligencia, la deslealtad eran pecados que se pagaban conla pena de muerte, se le llamaba "pena de vida", porque se privaba a la persona del derecho a vivir, como consta en cartas de José Antonio Páez a Simón Bolívar.

En una guerra, la justicia es la regla en el ejército propio, permitir la corrupción, el crimen, la sublevación, es sinónimo de aceptar la derrota, ¿con qué moral podría combatir un ejército si en el hubiesen hombres corruptos y pervertidos?

Cuando Manuel Carlos Piar, fue desleal y preparó una sublevación de negros y pardos contra el mando ejercido por Simón Bolívar, este no dudo en permitir que le fusilaran aunque exclamó: "He derramado mi propia sangre", Bolívar sabía que perdonar aquella sublevación sería un precedente para todas las demás, traería debilidad a su ejército y pondría en peligro la causa de la independencia.

El período de la guerra de independencia es el equivalente a la gestación y nacimiento de un niño, pero al formar la vida republicana, en el inicio de las instituciones venezolanas, muchas virtudes republicanas se deformaron.

Analizar este período sin hablar de la República de Colombia, conocida en la historia como la Gran Colombia, aquel intento de Simón Bolívar por unir a la Nueva Granada, Venezuela y Quito, sería contar una historia incompleta. Así pues la misma división que se creó en Venezuela entre venezolanos pro y contra independentistas, se creó también entre quienes estaban a favor y en contra de la conformación de una gran nación latinoamericana.

Más allá del egoísmo y la visión cortoplacista de quienes carentes de toda visión geoestratégica se opusieron al proyecto gran colombiano, la historia siguió su curso y nos daría serias lecciones políticas de este error histórico, como fue la debilidad de Latinoamérica ante las injerencias e invasiones de potencias extranjeras a nuestro suelo sagrado.

Por eso, es importante analizar el período en que Bolívar regresa a Venezuela por última vez en 1826, entonces,

Venezuela formaba parte de la Gran Colombia, y José Antonio Páez era Comandante General del departamento de Venezuela, y complotaba contra la República Gran colombiana junto con la oligarquía venezolana sobre todo valenciana y en segundo lugar caraqueña pues aquella era más numerosa. Páez aprovechó un conflicto político con el congreso para alzarse contra el gobierno.

La crisis estalla cuando el vicepresidente de la Gran Colombia, Francisco de Paula Santander (Bolívar era presidente), intenta apresar a Páez por orden del congreso, acusándolo de exceso en el uso de la fuerza al intentar reclutar a ciudadanos venezolanos a las fuerzas militares para enviar un contingente a Bogotá, capital de la Gran Colombia, que el mismo congreso le había solicitado. Páez se rehúsa a ir a Bogotá a enfrentar el juicio y se declara en rebelión.

Simón Bolívar se encuentra en Lima, ya que era Dictador del Perú y presidente de la República de Colombia, al conocer de la crisis política, parte hacia Venezuela el 4 de septiembre de 1826 en un viaje que le llevará 3 meses, llegando por barco a Puerto Cabello el 31 de diciembre del mismo año. A su regreso es recibido con bombos y platillos con los honores dignos de su jerarquía y cargo.

Bolívar encuentra un país distinto al que dejó, se encuentra mermado por razones económicas ya que no se ha recuperado de los embates de la guerra de independencia, se encuentra con una tensión política entre quienes apoyan la unión suramericana y quienes no; y existe una guerrilla pro-realista que opera en los valles del Tuy comandada por José Dionisio Cisneros, un venezolano de origen indígena oriundo de la zona de Baruta, ferviente católico quien creía que el Rey Fernando VII era un enviado de Dios.

Bolívar ordenó a Páez, combatir por todos los medios esta guerrilla y acabar con Cisneros. Las acciones de esta guerrilla incluían el asesinato y saqueo de pueblos, se dedicaban al robo de ganado, y cuando eran combatidos por el ejército huían a las montañas. En su mejor momento la guerrilla estuvo conformada por mil hombres.

Cisneros representa a los ciudadanos venezolanos profundamente afectados por la guerra e inclinados hacia el crimen, incluso hoy en nuestro tiempo podemos ver a bandidos como este azotar al país.

En las calles de Venezuela había pobreza y hambre, muchos de los sistemas agrícolas fueron devastados durante la guerra, había tensión política. Todo este panorama llevó al Libertador a quedarse hasta el 4 de julio de 1827, para arreglar el desastre que era el país, este fue el último viaje del Libertador a la nación. De esta manera, Bolívar pospuso la separación de

Venezuela de la Gran Colombia que finalmente ocurrió el 6 de mayo de 1830.

La sociedad colonial venezolana establecida por la conquista española alcanzó su clímax en el siglo XVIII, como ya se dijo la población pudiente gozaba de buena vida. En Caracas había orquestas, grupos culturales y filosóficos, obras de teatro, una buena vida en general. Se puede decir que la población conservaba cierta inocencia como país.

Por supuesto que esto tuvo un enorme choque luego de los acontecimientos del 19 de abril de 1810, aquella sociedad jamás se había enfrentado a la guerra, no tenía conocimiento político alguno. Por eso podemos entender el porqué la Primera y la Segunda República fracasaron estrepitosamente y la guerra se extendiera durante más de una década. A parte, la naciente Venezuela estaba cambiando tan rápido, debido a la forma de hacer la guerra de los españoles, que incluso Francisco de Miranda erró cuando pensó que Domingo Monteverde era un hombre honorable, nuestro prócer quiso hacer un conflicto bélico convencional, cuando no lo era, quiso regirse bajo los códigos del honor militar cuando el enemigo carecía de ellos.

Asimismo, la población se amoldó a la guerra y fue transformada por los horrores de la misma, por el hambre, la muerte, la peste, y aquella candidez de su población se perdió para siempre.

Venezuela cambió física, moral y espiritualmente, por eso, Simón Bolívar en una carta a su tío Esteban Palacios escribió: "Ud. se encontrará en Caracas como un duende que viene de la otra vida y observará que nada es de lo que fue... Ud. dejó una patria naciente que desenvolvía los primeros gérmenes de la creación y los primeros elementos de la sociedad; y Ud. lo encuentra todo en escombros... todo en memorias (...)".

La sociedad venezolana había sido azotada como dice el mismo Bolívar por "una hoz sanguinaria", aquel país que éramos antes de la independencia desapareció. En el orden político la nación no era más que un joven inexperto, intentando formar en la práctica una República, madre de repúblicas.

Ciertamente, costó mucho instaurar un orden político, económico y social, Venezuela pasó de ser una sociedad colonial, antes de 1810, a una nación en guerra por su independencia en el período 1810-1823, a un período de cuasi pacificación 1824 a 1830, donde surgieron guerrillas pro-realistas, en la cual había hambre, desempleo y desocupación, porque no habían formas de cultivar la tierra.

Y es que Venezuela, lógicamente no estaba preparada para la guerra en principio pero después tampoco estaba preparada para la paz, ¿cómo pasar de un orden bélico a uno pacifico en lo político, económico y social?

Llegado el fin de la guerra se tendría que licenciar a parte del Ejército, es decir pasar a retiro a los soldados que lucharon en ella, había que buscarles trabajo y hogar. En 1817, Simón Bolívar ordenó al Congreso promulgar una ley para repartir las tierras agrícolas entre los militares que exigían una retribución por su servicio.

Esto ayudaría a activar la agricultura abandonada en el período de guerra, pero Bolívar se fue a liberar a Suramérica y Páez se quedó gobernando el país, este promulgó la ley pero no con el espíritu ideado por Bolívar para hacer una repartición equitativa entre todos los militares, contrario a eso, Páez repartió las tierras entre sus generales más cercanos y él mismo. Esto acrecentaría las desigualdades al igual que en la época colonial, el desenlace sería lógicamente una nueva revolución.

Simón Bolívar también advirtió sobre el peligro de no hacer una buena repartición de la tierra pues desencadenaría una guerra civil, que eventualmente ocurrió años después.

Muerto el Libertador en 1830, sumado a la desintegración del proyecto grancolombiano, resultaría en una nueva Venezuela fundada bajó la espada de Páez, el ideólogo gomecista Laureano Vallenilla Lanz lo llamó "el gendarme necesario", ese caudillo necesario, casi un salvador, "que formó a la naciente

Venezuela", nada más alejado de la realidad que eso, debido a sus proezas militares y su gloria, Páez pudo gobernar Venezuela, sin embargo, no pudo evitar ser echado del país y despojado de todos sus bienes, cuando los federalistas encabezados por Juan Crisóstomo Falcón llegaron al poder en 1863.

Como dice una frase del cine moderno: "Mueres como un héroe o vives lo suficiente para convertirte en un tirano", sin duda, Simón Bolívar a pesar de su estrepitoso fracaso político al intentar consolidar "la más grande nación del mundo, menos por su extensión y riquezas que por su libertad y gloria.", ganó la batalla histórica, pues incluso la guerra civil que intentó evitar se produjo por la incapacidad de Páez de hacer justicia con los soldados que una vez también comandó.

Inicio de la vida republicana: Cien años de guerras civiles

La era que dominó Páez como político, estuvo marcada por su ideología conservadora, José Antonio Páez fue desde siempre un conservador a ultranza, era opuesto a la creación de la Gran Colombia y a las campañas suramericanas dirigidas por Simón Bolívar, otro aspecto de la ideología conservadora de la época era el centralismo, común entre los militares de la época, incluso en el propio Simón Bolívar.

Debido al Centralismo, José Antonio Páez gobernó Venezuela como una hacienda. Decidió no hacer una repartición justa de la tierra con lo que ayudó a crear amplios latifundios. Con ello creó su propio grupo económico, a diferencia de Bolívar que nunca llegaría a formar uno afín a su ideología, este grupo estaba formado por militares de alto grado, funcionarios del alto gobierno, latifundistas, comerciantes y prestamistas, muchos de ellos eran parte de restos de la oligarquía mantuana de la época colonial, residente mayormente de la ciudad de Valencia.

En 1834, el congreso aliado a José Antonio Páez promulga la Ley sobre libertad de los contratos, que permitía a los prestamistas cobrar el porcentaje de interés a su conveniencia y el cobro de intereses sobre intereses, en favorecimiento de los prestamistas aliados del gobierno paecista y en detrimento de los deudores. Esto sería calificado en nuestros días como parte de una política de libertad económica, pero en un país con gran ignorancia sobre el manejo de las finanzas traería miseria y pobreza.

Venezuela iniciaba su vida republicana con una población mermada por la guerra, la psique social sin duda había sido marcada por la misma. El país no hallaba su camino hacia una vida política, económica y social en tiempos de paz. El general Páez era sin duda un nacionalista, un caudillo que brillaba entre sus contemporáneos por sus proezas militares pero un hombre que carecía de las cualidades de un verdadero estadista que atendiera a todos los intereses nacionales, por eso lentamente se fue creando un odio social en Venezuela, aquel que se tradujo en un siglo de guerras civiles.

Páez enfrentó numerosas rebeliones, en la época gran colombiana con la aparición de las guerrillas pro-realistas, y ya como jefe de Estado a partir de 1830, afrontando insurrecciones como la de José Tadeo Monagas en 1831, la de los hermanos Farfán en 1837, por la que le llamarían el León de Payara, la de Zamora en el gobierno de Carlos Soublette en 1846 y por último, la guerra federal 1859-1863.

José Antonio Páez y el partido conservador gobernaron Venezuela bajos sus ideales, sin espacio para otros. El partido de Conservador era de Derecha, militarista, conservador, centralista, bajo ideales como mantener el orden colonial y la posesión de esclavos. El poder se concentraría entre un puñado de individuos aliados a los gobiernos conservadores.

Durante este período se verían innumerables rebeliones, el establecimiento de ejércitos personales, y pugnas por el poder, que tuvieron el siguiente escalafón con la llegada de los Monagas y el partido liberal al gobierno, fue la primera vez que el partido conservador perdió el poder, y el comienzo de la alternancia de los grupos políticos.

José Tadeo Monagas, asumió la presidencia el 1ero de marzo de 1847, sucediendo en el poder al general Carlos Soublette, ambos militares, héroes de la independencia pero uno liberal y el otro conservador. El gobierno de José Tadeo Monagas estuvo marcado por modificaciones a la economía, la administración pública, la libertad de prensa, pero también instauró una etapa de nepotismo en Venezuela que llevó a su hermano José Gregorio Monagas también héroe de la independencia y hasta su propio hijo José Ruperto Monagas a la presidencia, etapa conocida como el "Monagato". También modificó la constitución a su medida.

Ciertamente, los Monagas no pudieron establecer las reformas que impedieran la guerra federal que ocurrió después, su nepotismo llevó a la división del partido Liberal y el regreso del paecismo al poder aunque por poco tiempo. El conservador Julián Castro asumió la presidencia el 18 de marzo de 1858, y tras numerosas pugnas conservadoras por el poder, José Antonio Páez asume la presidencia por última vez, el 10 de septiembre de 1861.

La guerra federal había estallado el 20 de febrero de 1959, se extendió durante 4 años y ocasionó la muerte de alrededor de 175.000 personas. El bando conservador fue comandado por Páez mientras que los federales fueron comandados, en principio, por Ezequiel Zamora, pero este murió asesinado en la guerra, y posteriormente tomó el mando Juan Crisóstomo Falcón.

La guerra tuvo distintos combates, destacándose en la historia la batalla de Santa Inés, el 10 de diciembre de 1859. Esta guerra civil se desarrolló como un conflicto con fuerzas convencionales y estrategias de guerra de guerrillas.

Los federalistas que eran miembros del partido Liberal defendían este sistema de gobierno en contraposición del Centralismo pregonado por los Conservadores. El líder inicial de los Federalistas, Ezequiel Zamora proponía una extensa reforma agraria para el país y el establecimiento del Mutualismo, una teoría económica donde el valor de un bien o servicio era establecido por la relación tiempo-trabajo aplicado al mismo, y donde la propiedad podía ser individual o colectiva, siendo esta teoría un intermedio entre la economía liberal y el socialismo. Ciertamente, estos postulados cambiaron tras el asesinato de Ezequiel Zamora y la asunción de Juan Crisóstomo Falcón al poder.

Para 1863, José Antonio Páez no había podido tomar ventaja en la guerra por lo que se vio obligado a firmar el tratado de Coche en abril de ese año, partió a EEUU en junio de 1863, luego que Falcón asumiera la presidencia, desterrado, falleció en Nueva

York diez años después el 6 de mayo de 1873, no sin antes escribir sus amplias memorias.

Juan Crisóstomo Falcón solo gobernó 5 años, desde 1863 hasta 1868, pero abrió un período dominado por los por liberales hasta finales del siglo XIX. En el seno de aquel partido nació un nuevo caudillo, proveniente de aquella guerra federal: Antonio Guzmán Blanco.

Guzmán Blanco era el hijo de Antonio Leocadio Guzmán, aunque su pensamiento político distaba mucho del pregonado por su padre, Guzmán Blanco se alejaría de él, como el que se aleja de la peste.

El gobierno de Antonio Guzmán Blanco, traería mucho progreso al país, Venezuela acuñaría como moneda el Bolívar, la canción "Gloria al bravo pueblo" se convertiría en el himno nacional. Guzmán separaría el Estado y la iglesia católica, entonces el Estado podía realizar matrimonios civiles y permitiría el divorcio. Es en este gobierno cuando el agua llega por tuberías a Caracas, la arquitectura urbana sufrirá una profunda influencia de Francia, se construirán obras como El Capitolio, actual sede del poder Legislativo.

El general Guzmán Blanco tuvo gran influencia en los gobiernos liberales que le sucedieron y que se mantuvieron en el poder hasta finales del siglo XIX. Gobernó Venezuela durante tres períodos (1870-1877, 1879-1884, y 1886-1888). Guzmán Blanco eclipso la última parte del siglo XIX en Venezuela, concentrando el poder y manejándolo a su antojo.

Este caudillo se encargó de forjar una clase económica dominante, la burguesía gumancista, con la que desarrolló una relación mutualista, dándoles prosperidad a cambio de apoyo político, al igual que Páez, Guzmán Blanco supo dónde apoyar su poder político.

Al igual que muchos caudillos venezolanos, evocó la figura "profética y espiritual", por así decirlo, de los próceres venezolanos, apoyándose en la figura de Simón Bolívar tal como lo hizo José Antonio Páez al final de su mandato, pero Guzmán Blanco fue más allá, motivado por la psicopatología que sufría, la megalomanía.

Aquel líder sufría de constantes delirios de superioridad, omnipotencia, que por supuesto eran aupados por un séquito de aduladores personales, esto lo llevó a compararse con Simón Bolívar, debido a sus proezas en la guerra federal que había ayudado a ganar, por sus dotes de buen diplomático negociador, como llegó a serlo ante José Antonio Páez, pues su participación sería clave en la rendición de aquél viejo prócer de la independencia venezolana.

En esos delirios de poder y grandeza, Guzmán Blanco ordenó le fueran construidas plazas, que en su honor se esculpieran estatuas, se construyeran edificaciones, tanto es así que el actual Teatro Municipal de Caracas, se le inauguró como Teatro Guzmán Blanco.

Ejerció el poder a tal punto, que cuando el presidente títere que había hecho elegir, contrarió su liderazgo y legado político, fue la burguesía gumancista que impulsó, la que protestó y complotó contra Francisco Linares Alcántara hasta su inesperada muerte en el poder, se cree fue por envenenamiento, tras nueve meses gobernando el país, siendo el primer presidente en morir en el ejercicio de su cargo.

Guzmán al igual que Páez, instauró una hegemonía política, económica y militar con la que pudieron concentrar y mantener el poder. Guzmán hizo que la lucha contra el centralismo de los Conservadores fuera echada al olvido por el Liberalismo Amarillo que el lideró.

Este caudillo también ejerció su poder a través de gobiernos títeres casi hasta el final del siglo XIX. 1899 es un año que la historia venezolana no podrá olvidar ese mismo año muere Antonio Guzmán Blanco en Francia, como un hombre rico producto de la corrupción de sus gobiernos y al mismo tiempo muere el Liberalismo Amarillo con la caída de Ignacio Andrade y la llegada de los andinos al poder.

Venezuela que había entrado en una nueva conflagración civil, de esas que empezaron 40 años atrás, durante la guerra federal, pero que nunca terminaron, el rumbo había girado de tal forma que los provincianos del Táchira tomarían el poder.

La economía venezolana de entonces era dependiente de la exportación del café, que representaba el 80% del ingreso nacional, al igual que lo es hoy el petróleo, y solo bastó que el precio internacional del café cayera para que la estabilidad del país se derrumbara.

Esa fue la oportunidad, que muchos caudillos regionales anhelaban, para tomar el poder, aquellos que venían con su ejército de montoneras, como les llamaban, a aquellas guerrillas campesinas lideradas por un caudillo, en este caso, por Cipriano Castro, cuando surgió la llamada Revolución Liberal Restauradora.

Esta revolución fue llamada también la de "Los sesenta hombres", pues solo bastó ese grupo de combatientes para comenzar un movimiento al que se le unirían otros en su camino a Caracas, Castro derrotó a Andrade tras cinco meses de combates, en una guerra relámpago. Comenzaba la era de los andinos al poder, pero pasaría mucho tiempo para pacificar al país de las guerras civiles y los alzamientos repentinos.

El liberalismo amarillo murió como nació: con una guerra civil. Vivió como los gobiernos Conservadores apagando revueltas y alzamientos armados. Haciendo un paralelismo entre ambos hechos históricos, la característica más resaltante, es que el pueblo siguió a un caudillo, (llamados hombres fuertes por los anglosajones en su intento por entender nuestra forma de hacer política), la gente siempre los ha visto como "salvadores", hacedores de justicia, como libertadores y padres, a Páez le llamaron Taíta, padre, y le pedían la bendición, Guzmán Blanco se hizo llamar El Ilustre Americano, buscando la idolatría.

Mantuvieron su poder porque la población buscaba eso en ellos, anhelaba la cualidad de un hombre que ponga orden, que mande, que muestre su fuerza, que sea justo pero implacable, aunque tarde o temprano, los gobiernos impuestos se vuelven impopulares y es hora de reemplazarlos con un nuevo caudillo.

Así terminaba el siglo XIX y empezaba el siglo XX, Cipriano Castro llegó triunfal a Caracas el 22 de octubre de 1899, con una cúpula de andinos encabezados por su compadre Juan Vicente Gómez. Aunque lejos estaba Castro de la paz, había obtenido el poder pero las revueltas volverían como el agua a los ríos.

Habían pasado casi 80 años y Venezuela aún no tenía un solo ejército, una sola armada, sino que cada caudillo tenía el suyo, y lo tenía porque quería tomar el poder, no para otra cosa. Decía Napoleón que "para hacer la guerra hacen falta tres cosas: dinero, dinero y más dinero. Hay guerras más baratas pero se suelen perder".

Hasta entonces los grupos económicos habían ejercido el poder, como en cualquier otro país. El éxito estaba en si se los enfrentarse directamente o estimularles para obtener una relación mutualista como lo hicieron Páez y Guzmán Blanco. Pero Cipriano Castro, distaba de ser como aquellos caudillos del siglo XIX.

En este sentido, Castro enfrentó a los grupos económicos, a los inversionistas y banqueros, y no hay nada más peligroso que un banquero acorralado, sin embargo, él los amenazó con encerrarlos en el castillo Libertador en Puerto Cabello, y les exigió fungir como prestamistas a su régimen. Con este escenario, aparece un caudillo distinto a los que la historia había conocido.

El banquero Manuel Antonio Matos, se convierte en el más acérrimo enemigo de Castro. Un hombre con dinero podía comprar poder y Matos iba a crear su propio ejército para hacerse con el poder político, no tardaría aquél nuevo caudillo en aliarse con empresas transnacionales y alianzas extranjeras a las que conocía muy bien, porque aquel era un hombre de negocios internacionales y una amplia fortuna, la más grande del país.

No habían pasado más de 2 años desde que Cipriano Castro asumió el poder cuando una nueva guerra civil azotó al país. El 19 de diciembre de 1901, estalló la Revolución Libertadora, liderada por el banquero Matos, apoyada financieramente en el país por las familias banqueras Boulton y Velutini, y desde el extranjero por empresas como la New York and Bermúdez Company, compañía del cable francés, entre otras.

Todo el país entra en guerra, y esta se extiende durante un año y siete meses, causando la muerte a veinte mil personas, aproximadamente, pero Castro triunfa y derrota a los rebeldes, aprovecha una división en sus filas y ataca a cada caudillo individualmente, jugando con el ego de estos, vence a su ejércitos con una estrategia militar muy bien pensada, con la ayuda de Juan Vicente Gómez, su compadre. La guerra finaliza pero Castro enfrentará ahora a un nuevo enemigo.

En plena guerra civil, la economía pasa a un segundo plano, las actividades agrícolas merman por el reclutamiento de hombres, las hostilidades en todo el país, coincidiendo esto con la baja drástica del precio del café, que seguía representando el 80% del ingreso nacional, ante todo esto, Venezuela entra una crisis económica, que obliga a Castro a dejar de pagar sus compromisos con acreedores de la deuda externa, impactando a las transnacionales, bancos e inversionistas de las potencias dominantes.

Cabe destacar, que muchos de estos actores habían financiado a Manuel Antonio Matos, así que decidieron cambiar de estrategia, enfrentando directamente a Castro, es cuando se produce el Bloqueo naval de las costas venezolanas, un intento de invasión de las potencias de Inglaterra y Alemania, a la que pronto se le unió Italia, Bélgica, España, entre otros. Estas potencias reclamaban el pago de la deuda por ellos enfilaron sus buques de guerra y sus tropas hacia Venezuela.

Aplicando la común diplomacia de cañoneros, que consistía en la intimidación de países débiles a través del uso de sus Fuerzas Armadas y su poderío militar para doblegar la soberanía de países, débiles como Venezuela. Es así como los buques de guerra de potencias extranjeras llegan a La Guaira y un contingente militar alemán la ocupa, casi sin resistencia, debido a la vulnerabilidad post-guerra del país.

En Puerto Cabello, los militares invasores bombardean la ciudad, específicamente el Castillo Libertador y el Fortín Solano, para inutilizar las posiciones de artillería presentes en ella.

Los militares alemanes tienen control total de La Guaira, y toman la sede de un periódico local, donde publican que por orden del emperador Alemán han tomado los puertos de Venezuela, hasta que no les sea cancelada la deuda, no se retirarán de las costas.

Ante la incapacidad de las fuerzas armadas venezolanas, Castro acude a la población y exalta el nacionalismo en un discurso que mueve la fibra de los sentimientos patriotas, aquel discurso comenzaba con una frase que pasó a la historia "Venezolanos, la planta insolente del extranjera ha profanado el suelo sagrado de la Patria", pronto se activa un movimiento nacionalista en todo el país.

Castro hace un pacto con sus opositores, principalmente con el "mocho" Hernández, un caudillo que posee su propio ejército de montoneras. El movimiento crece y hasta el Dr. José Gregorio Hernández se ofrece como voluntario en el ejército, mientras se realizan manifestaciones de apoyo al gobierno en todo el país.

Aunque Castro impotente de revertir la acción extranjera, solicita ayuda internacional acudiendo al gobierno de EEUU, a su presidente Theodore Rooselvet, invocando la doctrina Monroe,

"América para los americanos", bajo la que supuestamente EEUU debía defender a cualquier país americano de una agresión militar de otro país fuera del continente.

Rooselvelt no tomó partido pero actuó como mediador neutral en el conflicto, logrando su final con la firma del Protocolo de Washington, donde la deuda se redujo a la mitad con la indemnización que las potencias extranjeras debieron pagar por daños materiales y las pérdidas humanas durante el conflicto.

El gobierno de Castro superó la crisis y pudo mantenerse en el poder durante cinco años más, en ese tiempo, Castro se volvió cada vez más contrario a las grandes potencias, hacia los grandes grupos de poder nacional e internacional, sus conflictos con la burguesía nacional llegaron hasta el punto de evitar que la familia Boulton, una de las más ricas del país y creadora de amplios negocios, desde la época de Simón Bolívar y creó amplios negocios en nuestra nación, construyera una mansión en una de sus propiedades.

Castro había nombrado vicepresidente a su compadre Juan Vicente Gómez, era su compañero de armas, desde antes del inicio de la Revolución Liberal Restauradora, pero lejos estaba Gómez de ser el segundo de Castro. Ideológicamente ambos andinos eran contrarios, como lo demostrarían los acontecimientos posteriores.

Llegó 1908, y Castro cae víctima de una extraña enfermedad prostática, que se agrava al contraer sífilis, algunos dirán que se debió a las numerosas amantes del presidente, cosa que no intentaremos probar o desmentir en esta obra, sino mostrarlo como un rumor de la época, Castro sale del país rumbo a Alemania a una operación que tiene éxito.

Su compadre Juan Vicente asume la presidencia provisionalmente e inmediatamente da un golpe de Estado, Gómez asume el poder de manera dictatorial el 19 de diciembre de 1908, en lo que será la dictadura más larga y férrea de la historia nacional.

Los acontecimientos demuestran que Juan Vicente Gómez no es más que un caballo de Troya en el gobierno de Cipriano Castro, y desde el principio Gómez se distancia del accionar político de este, aliándose con las potencias extranjeras y en especial con los EEUU, de quienes consigue el apoyo para su gobierno, que lo verán como un adepto en contraposición contra el hostil, Cipriano Castro.

El cabito, como le llamaban a Castro, no vuelve a Venezuela, y tendrá que vagar por países europeos donde es vejado y humillado por las acciones de su gobierno, entre los que destaca Francia y EEUU.

Posteriormente, se instala en Puerto Rico, donde es espiado constantemente por su compadre, Juan Vicente, y luego muere en la isla en 1924. Este se encargó de darle empleo a los enemigos de Castro, incluyendo a muchos de ellos en su gobierno. Al mismo tiempo, Gómez adquirirá una fuerte paranoia, que lo llevará a eliminar el cargo de vicepresidente y nombrar a médicos y abogados como ministros, al final de su vida nombrará al único militar que fue ministro de la Defensa durante sus 27 años de gobierno.

Gomecismo: Dictadura y pacificación

Gómez gobernará con el apoyo internacional, en su gobierno Venezuela se convierte en el primer país exportador de petróleo del mundo, más adelante ese petróleo alimentará la primera y segunda guerra mundial. Gómez hace leyes que satisfacen a las transnacionales, hecho que es aprovechado por sus opositores para decir que es duro con sus connacionales y blando con el extranjero.

También enfrentará intentos por derrocarlo entre los que destacan la incursión del general Román Delgado Chalbaud, el alzamiento del coronel Pedro Pérez Delgado, entre otros. A todos sus opositores los envía a la Rotunda, la temida cárcel del régimen de la que pocos salen vivos, a la que le hace compañía el Castillo Libertador, vieja fortaleza venezolana convertida en prisión, asimismo el fortín Solano.

Gómez aplicará una tortura y un sadismo, nunca antes visto en la historia de Venezuela, las torturas irán desde las más "simples", con choques eléctricos a la mutilación genital. Los condenados a muerte, serán envenenados y se les dará vidrío molido en el agua para aumentar la agonía. La Rotunda será llamada la última morada, porque muchos no saldrán con vida de ella.

En contraste a lo antes mencionado, el General se mostraba como un hombre de familia, abuelo, padre y esposo. Tendrá 15 hijos entre sus dos matrimonios y 73 hijos ilegítimos, muchos de estos ocuparon puestos en su gobierno, dándole el toque de nepotismo a su dictadura. Los propios tachirenses le llamaran "el bagre", aunque hubiese él hubiese preferido que lo conocieran como Benemérito.

Juan Vicente Gómez al igual que Páez y Guzmán Blanco, crea una clase económica afín a su gobierno, es el nacimiento de la burguesía gomecista, con la que su familia se mezclará consanguíneamente, consolidando un poder económico muy próspero.

Ahora bien, el benemérito acaba con todos sus enemigos, elimina a los caudillos regionales y a sus ejércitos de montoneras, y forja un sólido y único ejército nacional, una armada robusta y crea a la aviación militar. Durante su gobierno se pacifica Venezuela se acaban las guerras civiles, también conecta al país con la carretera transandina, es la época de presos con grilletes en los pies que trabajan por el desarrollo del país picando piedras, abriendo trochas, el dictador se consolida como un líder fuerte, temido y obedecido por todos.

Asimismo, transforma la institución militar hasta lo que es hoy la Fuerza Armada Nacional, el General no solo elimina los ejércitos de montoneras, modernizando su armamento y capacidad operativa, sino que también los profesionaliza, a partir de entonces los oficiales serán militares de carrera, entre los que destacará Marcos Pérez Jiménez, quien se gradúa con honores en 1933, entre otros militares que incursionaran en la política tiempo después.

Creará también un movimiento intelectual, encabezado por Laureano Vallenilla Lanz, un positivista que se encarga de exaltar la figura del "benemérito", Lanz crea la teoría del "Gendarme necesario", en su libro *Cesarismo Democrático*, donde define a Páez, Castro, Gómez como líderes militares imprescindibles que salvaron al país cuando este se encontró sin rumbo, una reafirmación intelectual del caudillaje.

Pero Venezuela no era más que un país lleno de hambre, opresión e ignorancia, colmado de analfabetismo. Aunque seguía manejándolo al igual que muchos otros caudillos, como una Hacienda, aunque ciertamente ayudó a modernizar el país, donde las leyes eran hechas por médicos, siendo adaptaciones someras de normas de países más desarrollados.

A propósito, la primera Ley de Hidrocarburos (1920), fue modificada en tres ocasiones hasta complacer a las transnacionales que Gómez sabía consentir muy bien.

El general buscaba aumentar los ingresos atrayendo la inversión extranjera, en contraposición a Castro, que le retiró las concesiones de asfalto a la New York and Bermúdez Company. Aquella primera Ley de Hidrocarburos creó una lista de los materiales que las compañía petroleras podían importar, esto los obligaría a producir en el país lo que estaba fuera de la lista, lo que hubiese desarrollado una pequeña y mediana industria, ante esto las transnacionales protestaron y Gómez cedió.

Mientras que el lema de Juan Vicente Gómez era "Unión, paz y trabajo", sus opositores lo interpretaban como "unión en las cárceles, paz en los cementerios y trabajo en las carreteras". A diferencia de Castro, este nunca hizo la paz con sus adversarios, pues muchos de sus enemigos murieron en sus cárceles mientras el paseaba en su automóvil por las calles de Maracay.

Asimismo, surge la generación del 28, un grupo de estudiantes que protagoniza una serie de protestar cargadas de discursos políticos contra la dictadura gomecista, es la juventud venezolana y no los viejos caudillos la que se enfrentará al dictador, aunque son hechos prisioneros y liberados tiempo después. Es entonces, cuando se produce un acercamiento entre jóvenes estudiantes y jóvenes oficiales militares, que termina con un intento de golpe de Estado, el 7 de abril de 1928, el general López Contreras logra controlar el golpe y todos los involucrados son enviados a La Rotunda. Meses después, en octubre de 1928, un grupo de estudiantes envía una carta al general Gómez pidiendo la liberación de los estudiantes, el déspota responde encarcelándolos también, lo cual produce protestas en las calles.

Muchos de los jóvenes serán exiliados a Colombia y Guatemala, desde la ciudad de Barranquilla, los del 28, elaboraron el Plan de Barranquilla, un documento de corte marxista contra el gobierno de Juan Vicente Gómez, contra las transnacionales, el caudillismo y el latifundismo. Asimismo, pedían libertad de expresión, alfabetización para las masas obreras y campesinas, revisión de los contratos y concesiones petroleras pero al poco tiempo surgieron las diferencia y el grupo se dividirá en dos, quienes fundan: el partido Acción Democrática y el Partido Comunista de Venezuela, protagonizando las luchas políticas 30 años después.

Entre los jóvenes de la generación del 28 se encontrarán los próximos políticos y hasta presidentes de Venezuela, se nombran a Rómulo Betancourt, Raúl Leoni, Jovito Villalba, Mariano Picón Salas, Alberto Ravell, Andrés Eloy Blanco, Miguel Otero Silva, Germán Suárez Flamerich, entre otros. Pero nada pudo contra Gómez y su férrea dictadura, que se extendió hasta que la naturaleza hizo su trabajo.

Gómez gobernó Venezuela hasta su muerte en 1935, dejó todo listo para un época sin él como presidente, en 1931 nombra a Eleazar López Contreras, como Ministro de la Defensa, López Contreras será el único militar en ocupar dicho cargo, así Gómez va forjando la imagen de este militar de su extrema confianza para sucederlo en el poder. El Benemérito ordena a López Contreras la creación de un cuerpo civil y militar que será el encargado de mantener el orden, pues él creía que a su muerte sobrevendrían pugnas por el poder y descontento en las calles.

Al igual que El Libertador, muere el 17 de diciembre de 1935, 105 años después, según documentos Juan Vicente Gómez había nacido el mismo día que Simón Bolívar, es decir nació y murió en la misma fecha, esto creó una serie de dudas y discusiones que se remontan hacia nuestros días, aunque la mayor certeza es que si murió ese día según historiadores, familiares y el testimonio de Arturo Uslar Pietri.

La Era Militar: Venezuela sin Gómez

El 18 de diciembre de 1935, el gabinete de Gómez eligió al General Eleazar López Contreras como presidente provisional, éste quien se dirigió al país por radio, siendo esta la primera vez que los venezolanos oían a su presidente por este medio, así anunció la muerte del dictador y asumió la presidencia hasta 1936.

El 19 de abril de 1936, el congreso lo elige como presidente para el período 1936-1943, López Contreras inmediatamente se dirige al país manifestando su deseo de reducir el período presidencial de 7 a 5 años, y limitar el mandato a un solo período presidencial, sin derecho a reelección. Comienza así la transición de la dictadura más larga de la historia a la efímera democracia que vive el país por muy poco tiempo.

El nuevo gobierno debe enfrentar un intento de golpe de Estado auspiciado por la familia de Juan Vicente Gómez, que pretendía establecer una dinastía criolla, del cual salió airoso.

En el campo político, López Contreras logró mantener el poder, aunque ilegalizó el comunismo y el anarquismo, exiliando a quienes profesaban dichas ideologías, como es el caso de Rómulo Betancourt, quien era acusado de tendencias marxistas. La lucha contra el comunismo la había iniciado Gómez en los primeros años de su gobierno, recordemos que el repunte del comunismo se instaura a través de la Unión Soviética en 1917.

Cabe destacar que, López Contreras también ayudó a modernizar la administración pública, crea nuevos ministerios como el de Comunicaciones, el ministerio de sanidad y asistencia social, que incluyó la llegada al país de expertos en salud pública, este ministerio surgió de la separación del Ministerio de sanidad y agricultura, creando en paralelo el Ministerio de Agricultura y Hacienda, donde nombra al joven economista Alberto Adriani.

Es así como, Adriani junto a su amigo Arturo Uslar Pietri, acuñan la tesis de "Sembrar el petróleo", asimismo, se convirtió en el primer ministro del gobierno en hablar al país a través de la radio, informando una serie de medidas para estimular la agricultura, entre las que destacan la puesta en circulación de la revista El Agricultor Venezolano, para el debate de temas de la agricultura y su tecnificación, debido a que el país ya se perfilaba como una economía dependiente de la renta petrolera.

En 1929, Alberto Adriani llega a decir: *"Mientras no se adopte y ejecute un plan científico para la racionalización de nuestra agricultura, no nos libraremos de la pesadilla del café, no se diversificará nuestra producción agrícola, la prosperidad económica y el bienestar social de nuestro país no podrán descansar sobre bases sólidas.".* El café como rubro de exportación para la agricultura representaba el 80% de la producción aunque se quedaba atrás cada vez más por los ingresos de la renta petrolera.

Entre las medidas anunciadas por Adriani, estaban nuevos créditos para los agricultores a través del Banco Agrícola y Pecuario, la oferta de garantías a las cosechas a través del Banco de Venezuela. También es corredactor del Programa de febrero, el primer plan de gobierno moderno del país, presentado por Eleazar López Contreras el 21 de febrero de 1936.

El plan era de avanzada, e incluían aspectos que siguen siendo novedosos aún en nuestros días y que no han sido desarrollados, el plan buscaba el crecimiento armónico del país, incluyendo la conservación de los recursos naturales, la creación de una política de bosques, de aguas, de conservación de los suelos, la creación de una industria pesquera. El Banco Agrícola y Pecuario iría destinado al otorgamiento de créditos, una reforma de la política fiscal, una reforma del sector bancario, la creación de un banco que centralice la emisión de la moneda nacional, (de esto se encargaban los cinco bancos más grandes del país). Pero se materializó en 1941 con la creación del Banco Central de Venezuela.

El 29 de abril de 1936, López Contreras lo nombra Ministro de Hacienda, desde donde se propone modernizar las finanzas públicas venezolanas, Adriani pensaba que la abundancia de un recurso natural, en referencia al petróleo y al café, daba lugar a una sobrevaluación de la moneda, el Bolívar, abaratando los productos importados en detrimento de la producción nacional: la agricultura y la industria, lo que favorecía los bienes no transables como el sector construcción y la especulación inmobiliaria y financiera, generando pobreza en los sectores rurales, el sector urbano alcanzará un status de riqueza y bienestar ficticios, lo que llevaría al país a un éxodo campesino.

A su llegada al Ministerio de Hacienda, conformó un equipo técnico y empezaron los estudios para la creación de lo que después sería el Banco Central de Venezuela, rápidamente Adriani se convierte en una autoridad respetable en materia económica y financiera, pero su brillante carrera política fue truncada ante su inesperada muerte. El 10 de agosto de 1936, es hallado muerto en su habitación de un hotel de Caracas, la causa del deceso fue oficialmente un ataque cardiaco, el economista tenía 38 años.

El gobierno de López Contreras, siguió su marcha, aunque el programa de Febrero no llegó a generar los cambios profundos que se proponía en materia financiera, agrícola e institucional, pero le sirvió para estabilizar su gobierno.

La gestión se distanció mucho del régimen gomecista, es el general quien ordena la demolición de la cárcel La Rotunda y en su lugar construye la Plaza La Concordia, como símbolo de la reconciliación que el país debía alcanzar.

En 1936, promulga una moderna Ley del Trabajo, redactada por el joven abogado, Rafael Caldera, quien en el futuro será presidente del país. Además se crea el servicio Técnico de Minas y Geología en 1937, con el propósito de ampliar las exploraciones mineras en todo el territorio. También decreta el primer Parque Nacional, llamado entonces Rancho Grande, renombrado como Parque Nacional Henri Pittier en 1953, en honor a este ingeniero y botánico suizo, que se instaló en el país en los tiempos de Gómez, ocupando cargos técnicos a nivel medio, como jefe del observatorio naval Cajigal.

Henri Pittier, tuvo una gran influencia en las instituciones científicas que dirigió, les dio renombre y prestigio a través de sus investigaciones y descubrimientos. Logra algo muy importante para el desarrollo de la nación, resguardar los recursos naturales, es así como se decreta el primer parque nacional cuyo objetivo es proteger los recursos hídricos y al mismo tiempo los bosques y la fauna.

En el gobierno López Contreras, hizo frente a una huelga de trabajadores petroleros, la primera de la historia.

No es fácil salir de un régimen dictatorial a uno que intenta ser una transición a la democracia, sobre todo si se ha participado en dicha dictadura. Quien gobierna sin contar con el apoyo popular necesita basar su poder en sectores del país que tienen espacios de poder y no ir en contra de ellos a las primeras.

López Contreras debió hacer frente a un enemigo, el entorno gomecista o como se llamó la oligarquía gomecista, este resistió a las nuevas medidas de su gobierno. Pero fue Juan Vicente Gómez quien previó estas convulsiones político-sociales y ordenó la creación de la Guardia Nacional. Con ella, López Contreras pudo crear una estructura de poder político, militar y social, porque sabía que su poder era efímero y transitorio, por venir del gobierno de Gómez, por ende decidió gobernar por un corto período de cinco años.

Además le tocó la tarea de promulgar una nueva constitución, en la que el período presidencial se redujo de 7 a 5 años, se prohibieron las actividades comunistas y anarquistas. La

Constitución de los Estados Unidos de Venezuela de 1936, le cambió el nombre al Estado Zamora por Barinas

Bajo el gobierno de López Contreras, podemos ver el accionar de las camarillas que se enroscan en el poder junto a un dictador, porque al menos en el caso venezolano, ninguna dictadura se mantiene sin que un entorno perverso la sostenga.

Otro hecho importante que va moldear otro tipo de sociedad en Venezuela, es el asilo que otorga López Contreras a los judíos que huían del Nazismo y que llegaron a Venezuela en 1939 en los "Barcos de la esperanza", aquellos que estuvieron a la deriva esperando que alguien los ayudara porque en ese momento el mundo no era consciente de los desmanes del régimen Nazi en Europa. Esta es la base para que en el futuro Venezuela sea un país receptor de una gran cantidad de inmigrantes que impulsarán una transformación positiva en el país.

Desde principios del siglo XX hasta la década de 1940, en plena segunda guerra mundial, Venezuela era gobernada por andinos, por lo que el sucesor de López Contreras no fue otro más que un militar tachirense, el general Isaías Medina Angarita, se desempeñó como Ministro de Guerra y Marina durante todo su mandato.

El gobierno de Isaías Medina Angarita parece ser una sucesión de la estela de poder que Juan Vicente Gómez deja en Venezuela. López Contreras Ministro de Guerra y Marina de Gómez y Medina Angarita, el jefe de su Estado Mayor.

Pero contrario a lo que se pensaba, Medina crea una apertura democrática en el país, rápidamente legaliza a Acción Democrática y a otros partidos, y el gobierno da espacios a la libertad de expresión.

La democratización abre las puertas al sindicalismo en Venezuela, luego de tres décadas de represión, pero inmediatamente surge una nueva lucha: la de los partidos por el control de los sindicatos. Se inicia en Venezuela una batalla entre el nacionalismo, las reivindicaciones sociales, la democracia y la lucha formal entre el marxismo y el liberalismo. Si observamos con detenimiento el sector militarista que gobernó el país hasta 1958 y el sector civil que le sucedió se diferencia entre la influencia de los pensamientos de Derecha entre los militares y de la Izquierda entre los civiles.

Así pues, entre las reivindicaciones sociales de Medina Angarita, está la promulgación de la Ley del Seguro Social Obligatorio y la creación del Instituto Central de los Seguros Sociales, la fijación del salario mínimo, la abolición del trabajo nocturno en algunas industrias.

En el orden petrolero, quizás el más trascendental de su gestión, está la Reforma Petrolera y la promulgación de la Ley de Hidrocarburos en 1943, preparando el camino para la nacionalización del petróleo que se estableció casi cuarenta años después. El instrumento legal de 1943 otorgaba una concesión por 40 años más a las compañías petroleras. El gobierno tenía la intención de nacionalizar pero sabía que los venezolanos no estaban preparados para esto, así que se proyectó y en cierto modo planificó lo que la historia registra después.

Fijando la vista en aquella época, lo que parecía transcendental y épico, ha ido perdiendo su positividad ante los acontecimientos de la historia reciente. Pudiésemos atrevernos a decir, que aquella ley sentó las bases y el antecedente más importante que condujo a Venezuela al capitalismo de Estado y a la instauración del comunismo.

El problema de los venezolanos es que ven la historia en blanco y negro, buscando actores buenos y malos. Ignorando las causas de esos hechos, no se han analizado sus consecuencias, que continúan hasta nuestros días.

Ahora bien, la reforma petrolera de Medina fue una bofetada a las compañías petroleras extranjeras, y trajo consecuencias derivadas de la distorsión por parte de sus sucesores en el poder. Pero también hubo beneficios como la tecnificación de los venezolanos en materia petrolera; la refinación del crudo en nuestro país, sentando las bases de la industria petroquímica en Venezuela. Los ingresos nacionales comenzaron un alza vertiginosa que ciertamente, fue aprovechada en mediana magnitud para modernizar el país.

La reforma fiscal y la Ley de Impuesto sobre la Renta de 1942, buscaba redistribuir la riqueza, fomentando tácitamente la lucha de clases que ocurrió tiempo después. También hizo que aquel derecho que aún creen los venezolanos poseer (el de la gasolina barata), fue inoculado en la población. Desde el punto de vista positivo, esta medida buscaba democratizar el acceso a la gasolina y aumentar el aparato automotor del país. Desde una perspectiva actual, hizo que para el venezolano la gasolina no tuviese ningún valor y fuese casi un derecho adquirido al nacer.

El gobierno de Medina Angarita, estableció considerables avances sociales en el país, aunque esos cambios positivos se desvirtuaron en el camino cuando se convirtieron en consignas políticas por gobiernos posteriores.
El gran error de Medina Angarita fue no permitir una reforma de la constitución que permitiera el sufragio universal, secreto y directo de la presidencia de la República. El de Medina fue uno de los gobiernos de los andinos al poder pero se presenta entre

la apertura democrática y el régimen totalitario que gobernó Venezuela en la primera mitad del siglo XX.

El surgimiento de Acción Democrática, como partido fuerte, lo dirigirá hacia el poder sin detenimiento. Su líder indiscutible Rómulo Betancourt, con una agenda izquierdista, el plan de Barranquilla, dejó una huella imborrable en nuestra historia cuyos autores fueron expresidentes de Venezuela posteriormente, el propio Betancourt y Raúl Leoni.

El hecho es claro, no pueden cohabitar dos factores de poder hasta que uno someta al otro. Y los partidos políticos, Acción Democrática, el principal, era un poder que ya comenzaba a enraizarse en la cultura venezolana. A través del Plan de Barranquilla, la política venezolana comenzaba a perfilarse de lo que sería años después la pugna entre la centro-izquierda y la extrema izquierda.

Se produce entonces una crisis institucional en el país, cuando el candidato presidencial de consenso entre el gobierno y la oposición (cara visible era Acción Democrática), Diógenes Escalante, un prominente diplomático venezolano, enloquece inesperadamente previo a ser elegido presidente por el congreso de Venezuela. Este hecho suscitó un desacuerdo en torno al nuevo presidente generando una conspiración en las Fuerzas Armadas, pues sentían molestia por sus bajos sueldos y el choque entre los oficiales egresados de la Escuela Militar y aquellos militares cuya carrera empezó en el Ejército gomecista. Además exigían la modernización de las FFAA y rechazaban el tratado limítrofe entre Colombia y Venezuela de 1941. En menos de un mes se fraguó una conspiración entre las Fuerzas Armadas y Acción Democrática. El ala militar era dirigida por el Mayor del Ejército, Marcos Pérez Jiménez quien había fundado una logia militar llamada "Unión Militar Patriótica" en junio de 1945, de 13 oficiales llegaron a ser 150 para concretar el golpe.

El 18 de octubre de 1945, Medina es derrocado y una Junta Revolucionaria de Gobierno asume el poder, mientras que Rómulo Betancourt se convierte en Presidente hasta 1948.

La Junta Revolucionaria de Gobierno convoca una Asamblea Nacional Constituyente. El país sufre un considerable avance del sindicalismo y es creada la Confederación de Trabajadores de Venezuela (CTV). La nueva constitución establece el sufragio, directo, universal y secreto, con el que logra elegirse al intelectual venezolano, Rómulo Gallegos, como presidente por voto del pueblo y con el mayor porcentaje de electores de la historia hasta hoy, 80% de los votos pero su gobierno duró solo nueve meses, cuya acción más importante es elevar el ingreso petrolero a través de la política fiscal del 43% al 50%. Su gobierno fue derrocado por su ministro de la defensa, Coronel Carlos Delgado Chalbaud, el 24 de noviembre de 1948.

El coronel Carlos Delgado Chalbaud fue un oficial asimilado del Ejército de Venezuela, y se dice que participó en el Golpe de Estado por temor y obligación, ya que se consideraba amigo de Rómulo Gallegos pero el poder de Marcos Pérez Jiménez dentro de las Fuerzas Armadas era mayor. Rápidamente, las diferencias entre Pérez Jiménez y Delgado Chalbaud comienzan a observarse. Surge la disputa en torno a entregar el poder democráticamente por parte de Delgado Chalbaud y de mantener el poder por parte de Pérez Jiménez.

Cuando Delgado Chalbaud se perfilaba como candidato presidencial, su carrera política fue truncada por el primer magnicidio de la historia de Venezuela. El 13 de noviembre de 1950, el presidente de la Junta de Gobierno fue secuestrado por un grupo comando dirigido por el ex gobernador del Estado Amazonas, Rafael Simón Urbina. El secuestro debía suscitar un vacío de poder y un posterior golpe de Estado, pero Delgado Chalbaud forcejeo con sus captores para escapar y estos le dispararon. La Dirección de Seguridad Nacional captura y asesina al ejecutor del secuestro Rafael Simón Urbina, suscitando una teoría que apunta a Pérez Jiménez como autor intelectual del secuestro.

El Perezjimenismo

Pérez Jiménez no asumió el poder inmediatamente, sino que nombró al diplomático Germán Suarez Flamerich y se mantuvo como Ministro de la Defensa. Esto alentaría más las sospechas sobre su participación en el hecho. El gobierno de Suárez Flamerich fue un gobierno títere de Pérez Jiménez y pasó con más pena que gloria. Su mayor acción fue el inicio de la construcción de la autopista Caracas- La Guaira, la creación del Parque Nacional Sierra Nevada en Mérida y el decreto de la Orquídea como flor nacional. Bajo su gobierno Pérez Jiménez creó los primeros campos de concentración en Guasina, Delta Amacuro en 1951 e intensificó la represión contra los partidos políticos. La Seguridad Nacional asesinó el 21 de octubre de 1952 al Secretario General de Acción Democrática en la clandestinidad, Leonardo Ruíz Pineda.

El 30 de noviembre de 1952, se producen las elecciones para los miembros de una nueva Asamblea Nacional Constituyente, donde participan los miembros del gobierno en el Frente Electoral Independiente (FEI) y en la oposición la Unión Republicana Democrática (URD) y Comité de Organización Política Electoral Independiente (COPEI). Al finalizar la jornada, la prensa nacional e internacional anuncia el triunfo aplastante de URD en las elecciones; pero Pérez Jiménez desconoce los resultados de la elección, mientras que Suárez Flamerich presenta su renuncia ante las Fuerzas Armadas el primero de diciembre, estas nombran a Pérez Jiménez presidente provisional de Venezuela hasta el 19 de abril de 1953, día en que la Asamblea Nacional Constituyente dominada por diputados de FEI lo nombra presidente para el período 1953-1958.

German Suarez Flamerich se retiró de la vida política. Y la historia lo mostró como la máscara civil con la que Pérez Jiménez escondió el inicio de su dictadura.

De este modo, comienza la dictadura desarrollista del General Marcos Pérez Jiménez. Su ascenso al poder coincidió con la mayor bonanza petrolera de la época, debido a los aumentos de los precios del petróleo causados por la guerra de Corea, lo que le permitió a Pérez Jiménez concretar las obras de su gobierno y de gobiernos anteriores en tiempo record, con lo que logró modernizar al país a nivel de infraestructura.

Pérez Jiménez desarrolló su proyecto denominado el Nuevo Ideal Nacional, que buscaba exacerbar la fuerza moral de los libertadores de Venezuela junto con la promoción de las obras de gobierno para exaltar la venezolanidad. Además, creó la Semana de la Patria, donde se realizaban comparsas y desfiles de empleados públicos e inauguraciones de obras que terminaban con un desfile militar en el Paseo Los Próceres de Caracas.

La bonanza petrolera hizo que Venezuela alcanzara niveles de crecimiento nunca antes visto. Las grandes obras de Pérez Jiménez fueron la autopista Caracas-La Guaira, el inicio del sistema ferrocarrilero nacional, grandes edificaciones en todo el país, autopistas y carreteras.

La política económica en este gobierno es controversial, aún en nuestros tiempos, el intervencionismo de Pérez Jiménez en la economía que se dio por el crecimiento de la Corporación Venezolana de Fomento, que poseía plantas de azúcar, de energía eléctrica, plantas de aceite vegetal, minas de diamantes, plantas pasteurizadoras de leche, ganado multipropósito, industria textil, industria petroquímica, minas de carbón. Esto constituye un antecedente del capitalismo de Estado en el que cayó inevitablemente la economía venezolana durante los siglos XX y XXI.

El crecimiento del sector construcción fue fomentado por el auge petrolero generado por un conflicto bélico, allí Venezuela alcanzó una sobreoferta de empleos lo que coincidió con la política de aceptación de la inmigración europea y estadounidense de Pérez Jiménez para mejorar "la calidad étnica de Venezuela" según el propio dictador. Asimismo, llevó la inversión extranjera a Venezuela, sobre todo estadounidense, pero descuidó los sectores de la economía nacional encabezados por venezolanos.

Se cree que Venezuela vivió una burbuja económica, debido a la postguerra y a los conflictos bélicos como la guerra de Corea, donde las refinerías del país y el Caribe permanecieron intactas luego de la segunda guerra mundial, lo que ubicó al petróleo venezolano en el primer lugar de preferencia.

La nación se endeudó para financiar sus grandes obras de infraestructura, pero la economía cayó en una recesión cuando los precios del petróleo bajaron. Durante el auge el gobierno de Pérez Jiménez no estimuló el crecimiento de los sectores empresariales nacionales por lo que sensibles sectores de la economía nacional no se desarrollaron.

Un programa de migración hacia Venezuela que Pérez Jiménez impulsó mucho más que sus predecesores, ayudó a fomentar las colonias de inmigrantes europeos en su mayoría que ayudaron al desarrollo económico del país, inclusive las colonias de gallegos y canarios hicieron grandes aportes a la agricultura y se enraizaron al menos hasta la instauración del comunismo en Venezuela.

Todos los avances en materia económica que aún permanecen como una ilusión de desarrollo nacional en nuestros días, como un pasado añorado por la mayoría de los venezolanos, sufrió un gran retroceso a nivel político. Venezuela vivió una férrea dictadura. La represión aplicada por Pérez Jiménez alcanzó niveles nunca vistos desde los tiempos de Juan Vicente Gómez, la tortura, exilio y muerte de los opositores fue el orden del régimen.

En este sentido, Pérez Jiménez usó el campo de concentración de Guasina, como la base de sus centros de tortura, ubicada en un islote del Delta de Río Orinoco, ese lugar fue una prisión construida por López Contreras para encarcelar delincuentes de alta peligrosidad, luego usada para encarcelar a los nazis y fascistas en Venezuela, y finalmente para tener presos políticos.

Son innumerables los testimonios de los presos políticos, entre esas historias dolorosas, está la de Guillermo Castillo Bustamante, un pianista-compositor y su esposa, Inés Pacheco Pestana, una activista política, que junto a Luciano Ochoa, un dirigente de Acción Democrática fundaron el periódico "Combate", lo que les costó la cárcel. Guillermo, es conocido como el pianista de Guasina, en prisión escribió y compuso la canción "Escríbeme" inmortalizada por Alfredo Sadel en 1957 quien la interpretó junto a Inés Castillo, hija del compositor sin conocer la historia de su compositor quien aún estaba tras las rejas. En junio de 1957, se crea la Junta Patriótica, un organismo clandestino que tendrá un papel decisivo en la desestabilización y posterior caída de la dictadura.

El régimen perezjimenista, cayó en desgracia luego del plebiscito, del 15 de diciembre de 1957, que Pérez Jiménez ganó en medio de denuncias de fraude. El día 20 de diciembre, se dirigió al Congreso en un mensaje donde explicó los avances de su gobierno en obras, pero ya una conspiración se gestaba en los cuarteles venezolanos. El descontento popular comenzaba en los sectores estudiantiles, políticos y económicos nacionales. Pérez Jiménez se negaba a pagar las deudas adquiridas por el sector construcción para terminar sus obras en tiempo record, alegando que habían incumplido con los tiempos pactados. El día primero de enero de 1958, el coronel Hugo Trejo sorprende al dictador con un intento de golpe de Estado, la rebelión estaba integrada por oficiales de la Guarniciones de Caracas y Maracay, principalmente, se gestaba en la Fuerza Aérea.

En veinte días, las cárceles de llenan de militares y estudiantes, el 21 de enero, el empresariado y la Junta Patriótica llaman a una huelga general y el 22, el Alto Mando Militar decide solicitar la renuncia de Pérez Jiménez. En la noche la Armada de Venezuela y la Guarnición de Caracas se sublevan y Pérez Jiménez es privado de la columna vertebral de su poder: las Fuerzas Armadas. Huye en el avión presidencial el 23 de enero de 1958.

En lo social, Pérez Jiménez llevó a cabo un exitoso programa de "desranchaficación" (sustitución de chozas por viviendas adecuadas) de Caracas, que había empezado en el gobierno de Medina Angarita pero al que él le imprimió el sello de eficiencia, sin embargo, descuidó el interior del país, como todo dictador busca controlar el centro de su poder, que en Venezuela es Caracas y sus alrededores, esto lo llevó, quizás, a ver con menor magnitud el resto del país. Aunque igual construyó grandes hospitales a lo largo de Venezuela. Creo infraestructura para la administración pública e importantes centros urbanos en Venezuela. Luego de 1956, los venezolanos comenzaron a abandonar el interior y a poblar las grandes ciudades y la capital.

Entre sus obras, destaca el sistema de riego de Calabozo, en Guárico, importante para el desarrollo rural y otras obras como el sistema de riego Boconó- Masparro en el estado Trujillo y en el estado Cojedes pero que no llegaron a construirse.

Por su naturaleza de dictadura férrea, el gobierno de Pérez Jiménez creó un orden social que trajo mayores niveles de seguridad ciudadana, incluso la sustitución de ranchos por viviendas se debía a que había identificado al rancho como el origen del problema de la delincuencia, la promiscuidad, prostitución y los problemas de salud y focos de infecciones.
Tras el golpe de Estado, el comandante general de la Armada, vicealmirante Wolfgang Larrazábal, asumió el poder como presidente de la Junta de Gobierno, se convirtió en un líder

carismático y populista, llegó a promover el éxodo campesino hacia ciudades como Caracas y Maracaibo, bajo la promesa de bienestar social en las empresas petroleras y en la capital del país, esto lo hizo gozar de una gran popularidad que lo llevó a presentarse a las elecciones del 7 de diciembre de 1958, dejando en el poder a Edgar Sanabria, un abogado y diplomático que ejerció de manera interina desde el 14 de noviembre de 1958 hasta el 18 de febrero de 1959, cuyas obras más importantes son el aumento de la participación fiscal petrolera del 50% al 60%, la creación del Parque Nacional El Ávila y la ley que establecía la autonomía universitaria y la inviolabilidad de los recintos universitarios.

En este período se produce, un hecho que debió encender las alarmas de los venezolanos de la época, la visita de Fidel Castro al país. Venezuela vivía una época de sentimientos antiestadounidenses en algunos sectores de la población debido al apoyo que el gobierno de Estados Unidos le había dado al régimen de Marcos Pérez Jiménez, y la clase política de la época que se debatía entre la centro-izquierda y la extrema izquierda recibieron con los brazos abiertos al recién entronado dictador cubano.

Democracia de izquierda moderada

El 31 de octubre de 1958, se firmó en la quinta Punto Fijo propiedad del abogado Rafael Caldera, un acuerdo político entre Acción Democrática, COPEI y URD. Caldera representó a COPEI, Rómulo Betancourt a Acción Democrática y Jovito Villalba a URD. El acuerdo buscaba crear un clima de gobernabilidad democrática a través del pluralismo político y sentar las bases para el alejamiento de las Fuerzas Armadas de la política.

Rómulo Betancourt, se convirtió en presidente luego de vencer a Larrazábal. Es del vicealmirante Larrazábal el mérito de haberse separado del poder para medirse en elecciones y aceptar su derrota ante Betancourt.

Se puede decir, que Venezuela se debatió entre la centro-izquierda y la extrema izquierda luego del Plan de Barranquilla cuyo ideólogo principal es Rómulo Betancourt, así que entender al hombre detrás del sistema es transcendental para analizar este período.

Betancourt se debatió entre distintas tendencias de izquierda desde el inicio de su carrera política. Militó en el partido comunista de Costa Rica entre 1931 y 1935, aunque años después se desligó de los comunistas venezolanos, Rómulo se consideraba a sí mismo como de izquierda democrática.

Podemos decir que Betancourt formó una escuela política alrededor del partido que lo consolidó como político, Acción Democrática, pero que estuvo influenciada por el bagaje ideológico de su principal fundador y llamado "padre de la democracia". Este hecho marcó a todos los líderes políticos que le siguieron y es por eso que el país aún en nuestros días, se debate entre ideas de extrema izquierda y centro izquierda, lo que ha dejado huella en los aspectos económicos y sociales, pues el discurso siempre está influenciado por este antecedente histórico-político.

El gobierno constitucional de Rómulo Betancourt comenzó el 13 de febrero de 1959, en su primera etapa se mantuvo bajo el Pacto de Punto Fijo. El tercer exilio de Betancourt fue en los Estados Unidos, donde formó grandes lazos de hermandad y actividades políticas que le ayudaron a formar una plataforma, para él los deberes de todo exiliado venezolano eran "Dar a conocer a América lo acontecido en Venezuela y laborar intensamente por la liberación de nuestro pueblo", lo que llevó al líder de acción democrática a unirse a Jovito Villalba y Rafael Caldera en Nueva York en diciembre de 1957 para establecer esfuerzos en contra de la dictadura.

Era imprescindible, que el exdictador venezolano Marcos Pérez Jiménez, que se encontraba en Estados Unidos enfrentara a la justicia venezolana, así que el 21 de agosto de 1959, Venezuela solicitó extradición de Pérez Jiménez y es detenido 4 días después, esta no se concretó sino hasta la llegada de John F. Kennedy al poder.

Venezuela se unió a la iniciativa Alianza para el progreso promovida por Kennedy en 1961, en ese año, el 35º presidente de Estados Unidos hizo historia al ser el primer mandatario de ese país en visitar el país. Alianza para el Progreso buscaba el bienestar y desarrollo de América Latina en teoría, pero su objetivo era más político para contrarrestar la influencia de Cuba en el hemisferio.

Kennedy y Betancourt llegaron a un acuerdo para extraditar a Pérez Jiménez, a cambio Venezuela eliminaría su Plan Ferroviario Nacional, lo que impediría el desarrollo integral de la economía del país. Algo que era inconcebible para la Unión Republicana Democrática (URD) por lo que decidió romper con el pacto de Punto Fijo en 1962, este partido perdería importancia en la política nacional hasta desaparecer en 1999. En 1963, el general Pérez Jiménez fue extraditado a Venezuela. Aún no han sido esclarecidos los intereses de Kennedy para que se eliminara el plan ferroviario.

Betancourt enfrentó la recesión de la economía venezolana que el endeudamiento adquirido por Pérez Jiménez había dejado. En 1961 anunció medidas económicas como un plan de austeridad presupuestaria, un control de cambios y la devaluación del Bolívar. Promulgó leyes para regular la banca nacional.

El plan de Recuperación Económica funcionó y se canceló la deuda que el sector construcción había adquirido durante el régimen perezjimenista.

Enfrentó un intento de asesinato preparado por grupos de extrema derecha en 1960 y tres sublevaciones militares: 1. El Barcelonazo. En junio de 1961, en Barcelona, La Guaira y Ciudad Bolívar con militares sublevados del Ejército. 2. El Carupenazo. En mayo de 1962, en Carupano, con militares alzados de la Armada y la Guardia Nacional. 3. El Porteñazo. En junio de 1962, con la sublevación de la base Agustín Armario de Puerto Cabello. En todos los intentos hubo participación de simpatizantes comunistas y de extrema izquierda.

Betancourt resistió también el inicio de la lucha subversiva comunista en Venezuela, financiada con el apoyo de Fidel Castro. En 1961, el secretario general del Partido Comunista de Venezuela, Argimiro Gabaldón, crea el Frente Simón Bolívar en las montañas de Humocaro Alto, estado Lara. Este fue el primer frente de las Fuerzas Armadas de Liberación Nacional, un grupo guerrillero que actuó hasta 1969.

En 1968, el partido Acción Democrática postula a las elecciones presidenciales al presidente del Congreso de la República de Venezuela, Raúl Leoni. Su promesa de campaña fue crear un gobierno plural, de amplia base sin sectarismos políticos algo que logró en gran medida.

En lo económico su política fue continuidad del plan de recuperación económica de Betancourt, también se destacó por ejecutar el Plan Pentágono de Acción Petrolera ideado por Juan Pablo Pérez Alfonso, que consistía en cinco líneas de acción: 1. Elevar la participación petrolera del Estado a 65% y 35% para las transnacionales. 2. Crear una comisión que realice estudios técnicos sobre los hidrocarburos. 3. Crear la Corporación Venezolana de Petróleo. 4. No otorgar más concesiones petroleras. 5. Fortalecer el poder de la OPEP, para la fijación de los precios del petróleo, es lo que se conoce como el poder petrolero, la idea principal de Pérez Alfonso era que la fijación de los precios permitiera el desarrollo de los países petroleros pero por el contrario solo tuvo un alcance comercial.

Pérez Alfonso también logró años atrás que el gobierno de Gallegos impusiera el 50-50 en la participación petrolera Estado-Transnacional. Si bien Pérez Alfonso se retiró del gobierno en 1963, durante la administración de Betancourt, su influencia fue muy poderosa en la política petrolera. En sus últimos años de vida, Pérez Alfonso se dedicó al estudio de la corrupción de los valores en la sociedad venezolana debido al exceso de divisas petroleras, al crecimiento demográfico en los países subdesarrollados y a la educación y salud de los niños en tiempos del petróleo.

Estos planes permitieron en principio fortalecer las finanzas venezolanas para salir del estancamiento económico también llevaron al país a la estatización de la industria petrolera y al capitalismo de Estado. El gobierno de Leoni fortaleció la industria siderúrgica y la agroindustria. En 1967, modificó la ley de impuesto sobre la renta y obligó a las petroleras a pagar el 70% de sus ingresos al Estado. Además, propuso un impuesto al lujo a las clases medias y altas lo que fue rechazado por el empresariado al frente de Fedecamaras y en el Congreso. Estos aspectos pueden ser considerados parte de una política pre-socialista en lo económico de Leoni.

Un aspecto relevante de Leoni como líder es que tuvo mayor presencia en el interior del país, impulsó el desarrollo de su región: Guayana. Una de las más importantes debido a sus recursos económicos. Creó la Siderúrgica del Orinoco, C.A., una empresa estatal que operó la planta que empezó a construirse en el gobierno de Marcos Pérez Jiménez.

En 1960, Betancourt había creado la Corporación Venezolana de Guayana (CVG), donde se debía administrar los recursos naturales de Guayana como el hierro, aluminio, oro, bauxita, carbón, diamantes y otros minerales. Siempre bajo la tutela del Estado, es entonces cuando, la participación del mismo es cada vez mayor en la economía nacional, entendiendo que la nación es la unión del Estado y la Sociedad. El Estado gobierna, legisla, controla e imparte justicia, pero en nuestro caso el Estado pasa a ser un factor económico por lo que si incumple alguna ley aplicable a toda la sociedad, no puede regularse a sí misma sin afectar sus propios intereses, simplemente no se puede ser juez y parte.

Esta es la génesis de nuestro problema como nación, incluso la mayoría o una buena parte de los venezolanos de la actualidad cree que gozar del beneficio de los recursos naturales del país es un derecho nato de cada venezolano por lo tanto el agua, la gasolina, la electricidad no pueden tener un costo elevado sino que debe estar subsidiado por el Estado, simplemente, porque esa empresa es de todos.

En el aspecto político, Leoni intentó gobernar bajo la amplia base y en su gobierno reinó la concordia y el entendimiento nacional formó alianzas con URD y el Frente Nacional Democrático (FND) un partido conservador de Derecha liderado por el intelectual Arturo Uslar Pietri. También enfrentó los reveses de la extrema izquierda y la insurrección armada comunista, que apoyada por Fidel Castro intentó entrar a

Venezuela en la playa de Machurucuto, estado Miranda en 1967, un grupo de doce guerrilleros venezolanos y cubanos intentaron ingresar en el territorio nacional para entrenar a las Fuerzas Armadas de Liberación Nacional (FALN), pero fueron abatidos por las Fuerzas Armadas de Venezuela. Esto hizo romper las relaciones diplomáticas con Cuba luego del incidente. De los doce guerrilleros, ocho murieron en combate, uno murió ahogado, dos fueron detenidos y uno logró escapar, se trataba de Fernando Soto Rojas, quien años después se convertiría en el quinto presidente de la Asamblea Nacional durante el régimen chavista.

Como líder, Leoni fue uno de los presidentes menos carismáticos, sufría de miedo escénico en sus inicios políticos pero lograba conectarse con los trabajadores de quienes consiguió amplio apoyo. La figura de la primera dama, tomó importancia durante su presidencia, su esposa Carmen de Leoni tuvo importante protagonismo en su gobierno creando actividades en favor de los niños y las familias venezolanas. Doña Menca como era conocida popularmente, fundó el Festival del niño, actual Fundación del niño de Venezuela.

El primero de diciembre de 1968, luego de una división del partido de gobierno Acción Democrática, el líder de la oposición Rafael Caldera, del partido COPEI, gana las elecciones, luego de una larga carrera política y de varios intentos por llegar a la presidencia. Caldera alcanza el poder y hace historia por ser el primer gobierno de oposición que toma las riendas sin derramar sangre.

En materia económica, Caldera finalizó el Tratado de Reciprocidad entre Estados Unidos y Venezuela de 1939: que consistía en facilidades aduaneras para el petróleo venezolano que entraba a EEUU a cambio de otras facilidades aduaneras para los productos manufacturados en Estados Unidos que ingresaran a Venezuela. El tratado se había modificado en 1952, durante el régimen de Pérez Jiménez, para eliminar ciertas limitaciones a las exportaciones petroleras hacia EEUU, esto era en conveniencia de las transnacionales y por supuesto del Estado venezolano posteriormente. Caldera basó su decisión en que estas facilidades a los productos estadounidenses perjudicaran la naciente industria venezolana y a que Estados Unidos fue violando el tratado progresivamente en contra de los intereses petroleros de Venezuela, es decir redujo las importaciones, creando un programa para ello, los presidentes Eisenhower, Kennedy y Nixon, tomaron decisiones en contra de los intereses venezolanos lo que llevó al fin del tratado.

Pese a gobernar con el Congreso de mayoría opositora, logró aprobar leyes en materia económica, allí se evidencia una mayor influencia de la política del Estado sobre los asuntos petroleros. En este sentido, aumentó la participación petrolera fiscal lo que generó mayores ingresos al Estado venezolano.

La Ley sobre Bienes Afectos a Reversión en las Concesiones de Hidrocarburos, llevó a las transnacionales a elevar una demanda ante la Corte Suprema de Justicia donde las transnacionales perdieron como era de esperarse, porque en definitiva, el Estado no puede afectar sus propios intereses.

La Ley que Reserva al Estado la Industria del Gas Natural, que llevó a la nacionalización del gas y la Ley que Reserva al Estado la Explotación del Mercado Interno de los Productos Derivados de Hidrocarburos, con lo que se nacionaliza la industria petroquímica y crea el complejo petroquímico El Tablazo, actual Pequiven. Esto facilitó la nacionalización del petróleo que ocurrió años después.

El crecimiento económico del país durante su período presidencial fue en promedio de 5% anual. Venezuela entra al Pacto Andino, hoy Comunidad Andina de Naciones (CAN), un acuerdo de integración económica para el desarrollo de países como Colombia, Ecuador, Perú y Bolivia, creando zonas de libre comercio. Esto trajo acciones positivas para la naciente industria venezolana. El banco Central fijó el cambio en 4,30 Bolívares por cada Dólar estadounidense, algo que generó críticas en el empresariado.

En materia política, rompió con la Doctrina Betancourt y establece relaciones con los regímenes comunistas de China y la Unión Soviética, disminuye la presión sobre el régimen comunista de Fidel Castro, pese al incidente de Machurucuto, aunque no se llega a reestablecer las relaciones diplomáticas.

Caldera, pasa a la historia por pacificar los movimientos guerrilleros, logra disolver las Fuerzas Armadas de Liberación Nacional, que pretendían establecer un Estado Socialista en Venezuela. Asimismo legaliza el Partido Comunista de Venezuela.

Otro aspecto de la política de Rafael Caldera, fue la regionalización, el programa "Conquista del Sur" fue uno de sus planes más ambiciosos. Que el pie del venezolano conquistara por primera vez el sur de Venezuela iba a generar mayor soberanía sobre nuestros recursos naturales. Caldera promovía un desarrollo fluvial entre los ríos Orinoco -Amazonas- La Plata, a través del río Negro que une al Amazonas con el río Orinoco.

Además, Rafael Caldera, procuró llevar a la práctica la descentralización y la desconcentración de la capital, en aspectos políticos, económicos y sociales, creando ocho regiones administrativas con sus respectivas corporaciones de desarrollo. Creó numerosas autopistas para conectar el interior del país.

Asimismo, le dio prioridad a la educación y a la vivienda creó universidades como la Simón Rodríguez, la Universidad del Táchira, además varios Colegios Universitarios e Institutos Universitarios de Tecnología.

Finalizó el gobierno de Caldera, cuando el 12 de marzo de 1974, Carlos Andrés Pérez asumió el mando en Venezuela, siendo la mano derecha de Rómulo Betancourt consiguió su apoyo para llegar al poder.

En materia económica, Pérez adelanta la nacionalización del petróleo, que debía darse en 1983, es entonces cuando Venezuela adquiere la enfermedad holandesa, que es un fenómeno de la economía que se produce cuando una gran cantidad de divisas entran al país, fortaleciendo artificialmente la moneda local (el Bolívar, en nuestro caso). Los productos no petroleros de producción nacional suben de precio junto con la moneda, por lo tanto se hacen menos atractivos, entonces aumentan las importaciones. Esto produce un daño en la industria nacional, que ya no puede competir con los productos más baratos que vienen del exterior.

Cuando la bonanza cesa la moneda local vuelve a tener un valor inferior, el país tiene menos ingresos y ya no puede importar pero tampoco puede acudir a su industria nacional, porque propició su caída o estancamiento durante la bonanza.

Durante este gobierno se aumenta el gasto público, debido al incremento en los precios del petróleo de 300%, producido por los conflictos en el Medio Oriente. Para evitar el ingreso excesivo de divisas a la economía de Venezuela, Pérez crea el Fondo de Inversiones Extranjeras, a donde envía buena parte del excedente de los ingresos petroleros.

En las cuentas nacionales, se pasó de un superávit del ingreso nacional a un déficit presupuestario, el Estado venezolano gastaba demasiado, esto se debe al crecimiento del mismo. Pérez creó el Ministerio del Ambiente y se realizó una gran inversión en equipos, infraestructura y recursos humanos que debían encausar el desarrollo sostenible de la nación, cuestión que en la práctica no ocurrió.

Carlos Andrés Pérez creó planes para diversificar el ingreso nacional, promovió la industria a través del nacionalismo, pero el impacto fue menor al planificado debido a la corrupción, la falta de visión nacional y la pobreza intelectual de muchos miembros del gobierno.

El primer gobierno de Pérez tuvo graves errores en materia económica, pero que fueron enmascarados por la gran bonanza petrolera, que se manifestaron en su último año de gobierno.

El éxodo campesino hacia las ciudades fue incluso mayor en el primer gobierno de Pérez, con lo que los inversionistas del agro venezolano se fueron quedando sin recurso humano, esto se unió al descuido del gobierno a este sector. Más allá de los grandes esfuerzos del ministerio de agricultura y cría. Venezuela empezó a importar el 80% de sus alimentos, siguiendo el guión de todos los países con el síndrome holandés.

En política exterior, Pérez se adhirió a todos los esquemas populistas de la época, se diferenció de Betancourt pues estableció relaciones diplomáticas con Fidel Castro.

En 1979, Luis Herrera Campins se convierte en presidente de Venezuela, en su discurso inaugural afirma que recibe un país hipotecado, pues la crisis financiera producida por los efectos del síndrome holandés en la economía comenzaron a manifestarse desde 1974 pero fue ocultada por la subida de los precios del petróleo en 1976, se manifestaría al cabo de dos años desde 1978, cuando el precio comenzó a caer.

El mayor desafío de Luis Herrera fue ajustar el gasto público aunque en principio, su administración se propuso liberar la economía, cuestiones que no lograron concretarse.
La política de explotación petrolera estatal y la dependencia petrolera había calado tanto en el Estado venezolano, que lo

había convertido en un Petro-Estado, haciendo a la economía venezolana sensible a las variaciones en los precios del crudo.

La nacionalización del petróleo trajo como consecuencia el comienzo de una visión de recelo hacia Venezuela, por parte de los inversionistas extranjeros, que empezaban a notar que en Venezuela se había comenzado a irrespetar la propiedad privada, por su puesto en la industria petrolera, más allá del pago de los bienes de las transnacionales.

Históricamente la fuga de capitales ha estado marcada por factores como: 1) La ausencia de un empresariado, sólido y consolidado. 2) La ausencia de políticas de estímulo fiscal para estos empresarios. 3) El desbalance que el síndrome holandés ejerce sobre la moneda haciendo más rentable la importación que la exportación,
Además, a esto se unió al aumento de los intereses pasivos en los bancos de Estados Unidos por parte de la Reserva Federal. Por lo tanto, como inversionista era mejor depositar el capital en Estados Unidos que en Venezuela, esto acelera el escape de capitales que empezó en el gobierno de Pérez.

El gobierno intenta frenar la fuga de capitales y devalúa el Bolívar, (desde comienzos de la bonanza petrolera se había mantenido en 4,30 Bolívares por cada Dólar estadounidense), lo que se conoce como el viernes negro puesto que el precio no correspondía con la realidad, dando paso a la inflación. Por lo que la devaluación era necesaria, pero al no estar acompañada de medidas que minimizaran los efectos del síndrome holandés sobre la economía fue simplemente llover sobre mojado.

Herrera fundó la Oficina de Régimen de Cambio Diferencial (RECADI), que debía administrar las divisas y evitar la fuga de capitales pero en la práctica RECADI, abrió una brecha de corrupción nunca vista en la historia del país. Se crearon empresas fantasmas y diferentes sistemas para sustraer las divisas y sacarlas del país. Este esquema se repetirá varias veces, hasta la actualidad.

La devaluación del Bolívar, durante el llamado "Viernes negro", marcó su debacle como moneda internacional sólida, en parte se produjo luego de la nacionalización cuando la moneda empezó a depender de la variación en los precios del petróleo, mismos años en que Venezuela se afianzó como país monoproductor y coincidió con el abandono del patrón oro por parte de EEUU en 1971, es decir, a partir de entonces, el valor del dólar estadounidense no se basaba en su respaldo en oro sino en la confianza de sus poseedores, es decir en la floreciente industria norteamericana que pudo desarrollarse con fuerza durante y después de la segunda guerra mundial, tomando en cuenta que luego del conflicto bélico mundial el dólar se convirtió en la moneda internacional de preferencia.

A partir de aquí se muestra la inexperiencia financiera del Estado venezolano y el populismo con el que sus posteriores gobiernos usaron los asuntos económicos y la renta petrolera.

En 1979, durante su administración se aprobó el Plan Ferrocarrilero Nacional, que debía conectar Caracas, Miranda, Maracaibo, Valencia, Barcelona y Ciudad Bolívar, durante su gobierno se terminó la línea Cúa (Miranda) – Caracas.

En materia social, el gobierno de Luis Herrera tuvo un gran impacto debido a su ideología socialcristiana, por lo que se concentró en la inauguración de centros educativos. Creó el Ministerio de Desarrollo de la Inteligencia dirigido por Luis Alberto Machado, quien creía que la ignorancia era la causa de la pobreza en Venezuela, por lo tanto, la mejor forma de disminuirla era suministrando al pueblo las herramientas para formarse fuera de la educación tradicional para crear instrumentos con los que puedan surgir económicamente y superar las barreras de la pobreza. Las ideas y los planes de Machado fueron desestimadas por muchos venezolanos de la época y el ministerio fue abolido en la administración siguiente pero fue replicado por otros autores e investigadores en otras partes del mundo.

Por otra parte, se inaugura el metro de Caracas, con su línea 1, y se convierte en uno de los sistemas de transporte urbano más modernos de Latinoamérica.

Luis herrera estimuló el agro venezolano, al ser llanero conocía muy bien la agricultura, por lo que también impulsó el desarrollo de su propio estado: Portuguesa. Durante su gobierno comenzó a distribuirse el Lactovisoy, una formula alimenticia suplementaria para niños, que contiene proteína de soya, leche, harina de arroz precocida, vitaminas y minerales fundamentales para el crecimiento de los niños venezolanos.

En 1983, los efectos de la devaluación del Bolívar y los casos de corrupción que surgieron en su gobierno, aunado a la crisis de la caída de petróleo en los años 80, hicieron que el partido de Luis Herrera: COPEI, perdiera las elecciones cuando su candidato, el expresidente, Rafael Caldera, perdiera contra el candidato de Acción Democrática, Jaime Lusinchi.

El gobierno de Luisinchi, estuvo marcado por acontecimientos políticos y económicos trascendentales para el país. Luisinchi heredó un problema económico que se fue arrastrando cuando los síntomas de la enfermedad holandesa empezaron a manifestarse en la economía nacional.

De este modo, el gobierno de Lusinchi comenzó un plan de ajuste presupuestario, que le permitió a su gobierno ahorrar más y generó un superávit en las cuentas nacionales. Sin embargo, en el período 1984-1985, se registró un bajo crecimiento económico.

En los primeros años se discutió el pago de la deuda con la banca privada internacional, donde se presionó al gobierno para que liberara las divisas a precios preferenciales, que el Estado venezolano ofrecía a través de RECADI y que se le adeudaban a los empresarios e importadores que hacían vida en Venezuela y que a su vez estaban en deuda con la banca.

A finales de 1985, la administración de Lusinchi aplicó un plan de estímulo a los sectores no petroleros de la economía nacional y por consiguiente, un incremento en el gasto público nacional, financiados con el excedente monetario de los años 1984 y 1985.

En 1986, se produjo una caída en los precios del petróleo, debido a conflictos dentro de la OPEP, el país a ser dependiente de la renta petrolera, y de las políticas de la OPEP, registró una caída en el ingreso nacional. Situación que generó una discusión económica y estableció una renegociación de la deuda externa con la banca privada internacional.

Ese año, 1986, se ejecutó una nueva devaluación del Bolívar de 7,50 a 14,50 Bolívares por Dólar estadounidense. Causando impacto sobre de productos de importación, que los encareció.

La respuesta del gobierno fue aumentar los sueldos y salarios, lo que afectó a la industria nacional que debió elevar los costos de producción, por lo que se produjo inflación en la economía y un posterior deterioro en el poder adquisitivo del venezolano y una caída del consumo. Este esquema continúa hasta nuestros días. No obstante con eso, el gobierno congeló las tasas de interés. Lo que llevó a la industria misma a solicitar créditos para pagar salarios y generó una sobre demanda de créditos. El gobierno también aplicó una expansión del gasto público que aumentó la inflación.

En 1984, Lusinchi creó la Comisión Presidencial para la Reforma del Estado (COPRE), una novedosa herramienta para la evolución del Estado, la mejora de la administración pública y una crítica constructiva para el modelo de nación que se venía desarrollando hasta entonces. En mayo de 1986, la COPRE presentó su informe *"Propuestas para Reforma Política Inmediata"*, cuyos planteamientos políticos, económicos y sociales fueron desestimados por el presidente Jaime Luisinchi y por el partido gobernante Acción Democrática por considerarlas demasiado radicales.

En materia económica, la propuesta buscaba la restructuración de la economía de acuerdo al principio de ventajas comparativas, teniendo como objetivo cambiar la política de sustitución de importaciones tradicionales dentro del mercado interno, por una economía de exportaciones no petroleras, bajo el concepto de importación focalizada y la no conveniencia de sustituir todas las importaciones, ya que habrían casos donde no sería factible producir en el país, tal producto, debido a diversas razones como costos de producción, calidad y competitividad internacional.

Por otro lado, surgirían entonces sectores con naturales ventajas comparativas como las industrias básicas de Guayana, debido a la capacidad instalada y el poder del Estado para colocar la producción en el mercado internacional, además que su materia prima potenciaría otras industrias dentro de la economía con miras hacia la exportación. Lo que difícil sería decidir qué sectores de la economía tenían ventajas comparativas por lo que la COPRE proponía un clima de concertación entre el Estado y el sector privado.

En lo político, la COPRE propuso una reforma constitucional que permitiese la elección directa, universal y secreta de los cargos de gobernadores de Estado y Alcaldes de municipio que hasta entonces, eran elegidos por el presidente. Asimismo, propuso mayor control sobre los partidos políticos en aspectos como la fuente y regulación del financiamiento público y privado, además, una democratización de los procesos internos de los partidos.

El 9 de agosto de 1987, una nave de guerra colombiana, la corbeta ARC Caldas entró en aguas territoriales del Golfo de Venezuela, y fondeó en el paralelo de Castilletes. Las fuerzas navales colombianas se negaron a retroceder lo que generaría una escalada de tensión. El golfo de Venezuela es un área con gran riqueza en petróleo y gas. La crisis aumentó cuando la fuerza aérea de Venezuela detectó aeronaves de combate en el golfo. La inteligencia venezolana, recibió información de soldados colombianos vestidos de civil comprando gasolina en las estaciones de servicio de la frontera terrestre y pasándolas a los cuarteles donde eran almacenadas para el presunto uso en vehículos militares.

Esto llevó a Lusinchi a ordenar el cierre total de la frontera terrestre y la movilización de tropas, aeronaves de guerra y carros de combate. El 17 de agosto de 1987, el presidente Jaime Lusinchi da un ultimátum al presidente de Colombia, Virgilio Barco, a la medianoche atacarán la corbeta ARC Independiente si no es retirada del paralelo de Castilletes. Faltando 15 minutos para la mediana noche, hora de Bogotá, el presidente de Colombia, se dirige a su nación afirmando que por mediación del secretario general de la OEA, João Clemente Baena Soares, y el presidente de Argentina, Raúl Alfonsín, retirarán su presencia militar del golfo de Venezuela. La crisis de la corbeta Caldas es uno de los momentos más cercanos a una guerra en Venezuela durante el siglo XX.

El 26 de octubre de 1988, se produjo un hecho que aún hoy genera dudas e incógnitas. La noche de las tanquetas, fue un presunto intento de golpe de Estado contra el presidente Jaime Lusinchi. Mientras el presidente constitucional se encontraba de gira por Uruguay, el Ministro del interior, Simón Alberto Consalvi se encargaba de la presidencia.

Esa noche un grupo de tanques del batallón Ayala al mando del Mayor (Ej) José Domingo Soler Zambrano se dirigieron al Ministerio de Relaciones interiores y la residencia presidencial de La Viñeta. El presunto plan era secuestrar al presidente encargado, quien solicitó información de la presencia de los tanques a las afueras de sus oficinas. Los militares le respondieron que le estaba prestando protección, Consalvi telefoneó al General Italo del Valle Alliegro, Ministro de la Defensa, quien ordenó el retiro de las tanquetas.

Las averiguaciones llevaron a la detención del Mayor Soler Zambrano y de otros militares involucrados, que fueron sobreseídos posteriormente. En la investigación salió a relucir el nombre del entonces Mayor (Ej) Hugo Rafael Chávez Frías. El gobierno de Lusinchi trató el tema con hermetismo y no se llevó una investigación a fondo sobre el tema. Este es uno de los primeros signos de descomposición en las Fuerzas Armadas desde los intentos de golpe contra Betancourt. En el último día de su gobierno Lusinchi indultó al Mayor Soler Zambrano, quien era el único detenido de la situación y ordenó su pase a retiro.

Por otra parte, Venezuela vivía una situación económica aguda, se tenían conversaciones con el Fondo Monetario Internacional y el tema de la restructuración de la deuda externa seguía sin resolverse. La situación militar delicada serviría al gobierno de Jaime Lusinchi, para no tomar las decisiones económicas profundas que debían revertir el reciente capitalismo de Estado, instaurado en el país luego de la nacionalización del petróleo.

La presidencia de Jaime Lusinchi, también estuvo envuelta en escándalos por su vida amorosa, y la relación extramatrimonial que tuvo con su secretaria privada, Blanca Ibáñez, con la que contrajo matrimonio en 1991. La influencia de Ibañez en su gobierno sería motivo de discusión política en la época.

El 4 de diciembre de 1988, Carlos Andrés Pérez se convirtió en presidente de Venezuela por segunda vez, por lo que de nuevo Acción Democrática permanecía en el poder. El 2 de febrero de 1989, Carlos Andrés Pérez, juró como presidente del país y aplica una serie de medidas dentro de una nueva política económica que son anunciadas el 18 de febrero.

El plan incluía: la eliminación del control de cambio y liberación del mercado de divisas por el que se pasó súbitamente de 14,50 bolívares por dólar a 40 bolívares el cambio.

Ajustes en las tarifas de los servicios públicos para adecuarlos a la realidad.

Ajustes en los valores de los bienes producidos por las empresas del Estado.

Una estimulación del libre comercio.

Una homologación de los aranceles de importación para estimular el libre comercio.

Eliminación de los controles de precio, exceptuando aquellos de la cesta básica.

Aumento del precio de la gasolina, y otros derivados del petróleo, y del gas. Aumento del precio del transporte público.

Congelación de los cargos públicos.

Plan de austeridad para recudir el déficit fiscal en 4%

Liberación de las tasas de interés activas y pasivas.

La privatización de empresas no estratégicas como la Compañía Anónima Nacional Teléfonos de Venezuela (CANTV).

Estas medidas, buscaban revertir el capitalismo de Estado en aumento acelerado desde la nacionalización del petróleo y alejar a la nación del concepto de Estado paternalista en la economía.

El rechazo de un sector de la población, se manifestó en las calles cuando salieron a protestar de forma violenta los días 27, 28 y 29 de febrero de 1989. Se produjo el llamado Caracazo, un estallido social en la capital: Caracas y en las principales ciudades del país. La anarquía y el vandalismo se apoderaron de las calles de Venezuela. Se observa por primera vez, un desconocimiento del concepto de propiedad privada, muchos ciudadanos salieron a robar y saquear los comercios del país.

Estos hechos llevaron a una masacre cuando las Fuerzas Armadas salieron a las calles a arremeter contra el pueblo, observándose la falta de entrenamiento de las fuerzas de seguridad para hacer frente a conflictos sociales. Se produjo un elevado número de muertos que desbordaron las morgues. El Caracazo es uno de los hechos más lamentables y vergonzosos de nuestra historia y que fue usado por la extrema izquierda para tomar el poder posteriormente.

Durante el primer trimestre de su gobierno, luego de las medidas se produjo un aumento súbito de la inflación,. La liberación de las tasas de interés, llevó a que las deudas contraídas por el empresariado para cubrir los costos de los salarios durante el gobierno de Lusinchi, se vieran afectadas en sus finanzas. Esto generó una recesión en la economía durante esta primera etapa.

Ese primer año será sumamente difícil para el gobierno de Pérez, la inestabilidad político-social llevó al Estado a buscar salidas políticas. El 3 de diciembre de 1989, Venezuela tuvo sus primeras elecciones de gobernadores, algo que la COPRE había sugerido años atrás.

El 15 de enero de 1990, estalla la primera guerra del Golfo Pérsico, cuando los Estados Unidos ejecutan la operación tormenta del desierto, luego que Saddam Hussein, presidente de Irak invadiera Kwait, una pequeña potencia petrolera. Esto llevó al aumento súbito de los precios del petróleo. Generando ingresos adicionales inesperados en las finanzas públicas, permitiéndole a Pérez maniobrar los efectos negativos iniciales de su plan que habían mermado su popularidad y mejorar los indicadores económicos de sus primeros años de gobierno.

En diciembre de 1990, el gobierno de Carlos Andrés Pérez estructuró la deuda en condiciones más favorables que las obtenidas en 1987 por Lusinchi, y lo hizo a través de los bonos Brady o Plan Brady, ideado por el entonces Secretario del Tesoro de los Estados Unidos, Nicholas F. Brady, fue un esquema para reducir la deuda externa de los países en desarrollo a fin de hacerla pagable sin que representara un lastre para el desarrollo de dichos países. Mediante este esquema, el país podía emitir un bono en una entidad financiera pagando anualmente solamente los intereses a una tasa fijada, y dando un período de gracia para pagar el capital de algunos años en el futuro. Esto permitió a la administración de Pérez reducir la carga que la deuda externa le daba a su plan económico.

Pero los conflictos políticos de Pérez con su oposición y dentro de su propio partido, donde se venía gestando una conspiración en su contra, hicieron que el Congreso de la República frenara el plan a través de la no aprobación de la modificación de la Ley de Impuesto sobre la Renta y la Ley de Bancos y entidades financieras.

A diferencia de otros sectores de la economía venezolana, la banca nacional se cerró al libre mercado, y se empezaron prácticas poco éticas y fuera de las leyes financieras nacionales e internacionales como el autopréstamo, entre otras, que desencadenaron una crisis ética y moral dando paso a la crisis bancaria de 1994.

En febrero de 1992, una conspiración en las Fuerzas Armadas que se venía mencionando en la opinión pública años atrás se concreta el 4 de febrero, un grupo de militares simpatizantes de izquierda ejecutan un intento de golpe de Estado, siendo comandados por el Teniente Coronel Hugo Rafael Chávez Frías, cuyo nombre había salido a relucir en 1988, durante la noche de las tanquetas, hecho que no le impidió ser ascendido a Teniente

Coronel en 1990 y ser nombrado comandante del Batallón de Paracaidistas "Coronel Antonio Nicolás Briceño", del Cuartel Páez, en Maracay, en 1991.

El movimiento tendría 10 años gestándose a lo interno del Ejército venezolano, y el ascenso de Chávez en puestos clave, habría estado patrocinado por el General Ramón Santeliz Ruíz, asesor de las Fuerzas Armadas y jefe de la dirección de planificación del Ministerio de la Defensa y amigo del entonces Ministro de la Defensa, el general Fernando Ochoa Antich. Santeliz Ruíz fue el artífice de la aparición en vivo en la televisión venezolana de Chávez que lo lanzó a la fama cuando pronunció la frase "Por ahora", con la que se convertiría en líder años después.

La aparición de la intentona de golpe de febrero y su réplica en noviembre de 1992, crearon incertidumbre en los inversionistas extranjeros que empezaban a confiar en el plan económico de Pérez. Si bien el golpe militar fracasó, destruyó políticamente al gobierno.

En la sesión del Congreso de la República, del 5 de febrero de 1992, para condenar el golpe, el senador Rafael Caldera establece una justificación de la intentona y una defensa tácita de los golpistas, lo que mella en el sistema democrático venezolano que comenzaba a convulsionar.

En marzo de 1993, el fiscal general de la República, Ramón Escobar Salom, introduce una solicitud de antejuicio de mérito contra el presidente Pérez, por los delitos de peculado doloso y malversación de fondos por el uso indebido de 17 millones de dólares de la época, pertenecientes a la "partida secreta", (fondos secretos del Estado venezolano) destinados a la seguridad y defensa que no son de dominio público sino son de uso discrecional del presidente de la República. Durante la investigación se determinó que el dinero fue usado para ayuda internacional a la gestión de la presidente de Nicaragua, Violeta Barrios de Chamorro. Aunque varios sectores denunciaron irregularidades en el proceso judicial, el presidente fue destituido por la Corte Suprema de Justicia, en mayo de 1993.

En ese momento, el presidente del Congreso de la República, Octavio Lepage, asume de manera provisional la presidencia, hasta que el Congreso elige a Ramón José Velásquez.

Velásquez había sido el secretario privado de Diógenes Escalante, candidato de consenso para suceder a Medina Angarita en 1945 pero que enloqueció, siendo Velásquez el primero en nota su inestabilidad mental. También había presidido la Comisión Presidencial para la Reforma del Estado (COPRE) en 1984.

Su breve gobierno quedó manchado por el indulto al ingeniero y narcotraficante venezolano, representante del Cartel de Medellín en Venezuela, Larry Tovar Acuña, cuya responsabilidad fue de su secretaria privada que le hizo firmar un papel sin saber que era el indulto del famoso narcotraficante.

Durante su administración, se inició la crisis bancaria de 1994, cuando el Banco Latino, la mayor entidad financiera del país fue intervenida por el gobierno, luego de participar en acciones ilegales y poco éticas como abusos a los ahorristas, fraudes, auto préstamos, financiamiento a sectores políticos. Además de la fuga de capitales que se produjo luego de los intentos de golpe de 1992. La intervención del Dr. Rafael Caldera del 5 de febrero de 1992, que puede ser considerada como una apología del golpismo, lo llevó a obtener la presidencia de la República por segunda vez.

El 5 de diciembre de 1993, Rafael Caldera obtiene un 30% de los votos en una elección con una participación de 60,16%, un 21,8% menos que en la elección de 1988. Durante esta etapa, se observa un deterioro en el interés de la población por la política tradicional y se refleja por primera vez una disminución importante en el porcentaje de participación electoral. Caldera llega al poder de la mano de Convergencia, una división de COPEI liderada por Caldera. También participaron la coalición de pequeños partidos conocidos como "El Chiripero", (el nombre hace alusión a pequeñas cucarachas, que se conocen en Venezuela como chiripas), en esta coalición convergían ideologías muy diversas como la democracia cristiana de Convergencia, el comunismo del PCV, el socialismo del Movimiento al Socialismo (MAS), estos pequeños partidos exacerbaron el populismo en Venezuela. Su participación en el gobierno será muy importante para la toma del poder del chavismo años después.

En 1994, se habían comenzado a estatizar las entidades bancarias que quebraron durante la crisis bancaria de ese año, para proteger a los ahorristas, se compraban por 1 bolívar, y se les inyectaba capital para pagarles a los ahorristas. Estas entidades fueron privatizadas nuevamente tiempo después.

Durante el periodo 1994 - 1996, el control cambiario ha creado distorsiones en la economía. La crisis bancaria ha mermado la confianza y la credibilidad en el país, lo que ahuyenta las inversiones extranjeras. Se establecen controles de precios, se acelera el proceso de desindustrialización del país y se estima que alrededor de setenta mil empresas pequeñas y medianas se van a la quiebra.

En 1996, el gobierno de Caldera debe retroceder las promesas populistas de su campaña electoral y aplicar una serie de medidas que eran requisito indispensable para acceder a préstamos del Fondo Monetario Internacional. Se presenta la Agenda Venezuela.

Los objetivos centrales eran estabilizar la economía, disminuir la inflación, aumentar las reservas internacionales y atraer inversión extranjera al país. Para ello, se aplicaron medidas como:

1. Controlar el déficit fiscal, a través de una reforma fiscal, para fortalecer el Servicio Nacional Integrado de Administración Tributaria (SENIAT) creado en 1994.
2. Liberar el precio de los carburantes (gasolinas, entre otros).
3. Liberar (o más bien sincerar) las tarifas de los servicios públicos.
4. Establecimiento del Impuesto al Valor Agregado (IVA)
5. Liberación del tipo cambiario y devaluación de la moneda para ajustarla a la realidad del mercado.
6. Apertura petrolera, para atraer el capital extranjero siempre bajo el liderazgo de PDVSA.
7. Reforma del régimen de prestaciones sociales.
8. Liberación de las tasas de interés.
9. Eliminación de los subsidios para reducir la carga fiscal.
10. La creación de programas sociales para paliar los efectos inmediatos de las medidas.

Se produce la devaluación del bolívar en 180% pero se logra estabilizar posteriormente su precio en torno a los 470 Bs/USD.

La inflación como era de esperarse, aumentó durante los primeros meses de la agenda, solo en abril de 1996, cuando entró en vigencia fue de 12,6% y cerró el año 1996, en 103% record histórico de inflación para entonces, pero que descendió posteriormente.

Se privatizaron empresas del Estado como SIDOR y las cadenas hoteleras que eran propiedad del Estado.

El plan logró detener la caída de las reservas internacionales. Fortaleció la Superintendencia de Bancos, para regular el sistema cambiario, algo que Carlos Andrés Pérez no pudo lograr por oposición del Congreso.

A largo plazo, la agenda debía generar reformas profundas del Estado, que ya venía formulando la COPRE, estas reformas debían llegar al sistema judicial, para fortalecer la confianza de los inversionistas en la justicia venezolana a la que debían someterse, sobre todo cuando el Estado tenía una participación tan grande dentro de la economía.

La Agenda Venezuela, no tuvo mayor alcance en el largo plazo sobre todo cuando los partidos de izquierda que apoyaron a Caldera, comenzaron a lapidar su propio gobierno por dentro y lograron que este sobreseyera al Teniente Coronel Hugo

Chávez, y a los demás líderes de las intentonas de golpe de Estado de 1992.

Elecciones presidenciales de 1998: Auge del chavismo

En 1997, Chávez comienza a tener más participación en la vida política y poco a poco se convierte en un opositor no solo a Caldera, sino al sistema democrático como tal, sus promesas populistas calan rápidamente en una población que demanda por ellas. Muchos venezolanos de entonces querían una mejor situación económica, pero ignoraban que se debían hacer correcciones a la economía antes de ver los resultados.

"El chiripero" pronto empezó a apoyar la agenda de Hugo Chávez y un Rafael Caldera, de avanzada edad y sin las mismas fuerzas físicas del inicio de su mandato, comenzaba a ser visto como un líder del pasado.

Durante el año 1998, la oposición a Caldera había aumentado, aun no se veían los resultados de sus planes económicos, que tampoco habían sido debidamente apoyados por los sectores importantes de la sociedad. Este descontento contra el gobierno y contra el sistema, fue poco a poco capitalizado por Hugo Chávez y el recién creado Movimiento Quinta República (MVR), que se presentaba como un partido de izquierda populista a favor de reivindicaciones sociales a través de la redistribución de la renta petrolera.

El candidato de Acción Democrática para las elecciones de diciembre de 1998, era su Secretario General, Luis Alfaro Ucero, un hombre de 76 años. En la última etapa de la llamada Democracia Puntofijista, los viejos líderes se convirtieron en caudillos de los partidos. No prepararon una generación de relevo que hiciera frente al avance de la izquierda radical, tampoco supieron explicar los cambios que en materia económica se debían dar para evitar la descomposición política, social y económica del país. Las medidas económicas de Caldera y Pérez simplemente fueron satanizadas y envueltas en un hilo de ignorancia colectiva, sobre los temas económicos en una sociedad que solo exigía reivindicaciones sociales pero que no querían asumir sus deberes económicos y sociales con el desarrollo nacional.

La campaña de Hugo Chávez Frías recibió financiamiento de muchos sectores de la economía nacional, algo que incluso la COPRE intentó controlar a través de la regulación de los partidos políticos y su financiamiento público y privado. Otro de los aspectos importantes de esta elección, es que Hugo Chávez fue sobreseído de la causa penal de su responsabilidad por la violación de la constitución de 1961, por la muerte de entre 32 (cifra oficial) y 300 (cifra extraoficial) personas. Chávez no fue juzgado y la justicia venezolana es responsable de eso, así como lo fue el entonces presidente Rafael Caldera. El golpe fue un intento de asalto al Estado de Derecho. Los intereses por ganar una elección y mantener el apoyo de la izquierda radical, llevaron a Caldera a permitir que se destruyera la constitución y la democracia que él mismo había redactado y había ayudado a construir.

Chávez en 1994, lo primero que hizo al salir de la cárcel fue visitar Cuba y establecer relaciones político-ideológicas con Fidel Castro, pronunció un discurso en el que manifestó su admiración por el dictador cubano, quien había intentado en varias ocasiones atentar contra la democracia venezolana desde sus inicios en la década de 1960. Fue en Cuba que Chávez manifestó su intención de crear un proyecto geopolítico donde los cubanos tendrían un papel fundamental para mantener un plan durante veinte o cuarenta años en el futuro debido a los grandes recursos naturales de Venezuela, y de este modo, los pueblos de Latinoamérica no dependerían más de Estados Unidos.

Durante la campaña presidencial de 1998, se produjo un debate en televisión, que será muy raro que la historia reproduzca, pero que sí lo hará esta obra, donde intervienen el doctor Luis Alberto Machado, ministro para el desarrollo de la inteligencia (1979-1984) y el entonces eminente doctor Edmundo Chirinos, fundador del Colegio de psicólogos de Venezuela y exrector de la Universidad Central de Venezuela, quien fungió como defensor del candidato presidencial Hugo Chávez Frías, puesto que era su asesor político. En esa discusión se desnudó la forma del chavismo de refutar los argumentos de sus detractores, que consisten en la descalificación personal, la banalización de los argumentos esgrimidos por la persona o grupo de personas, la desviación del tema principal para establecer un terreno donde se tiene más confianza. En el debate Edmundo Chirinos, llamó loco a Luis Alberto Machado, violando la ética profesional para usar su experiencia profesional con fines políticos. Con el paso de los años, una década después se comprobó que Chirinos violaba a sus pacientes mujeres luego de sedarlas, y fue el asesino de la estudiante de periodismo, Roxana Vargas, de 19 años. Lo paradójico es que Chirinos certificó que Hugo Chávez no tenía problemas mentales, pues era su médico psiquiatra y asesor durante la campaña, el estado de salud mental de Chávez fue un tema de discusión cuyo principal acusador fue Luis Alberto Machado.

En la discusión política de 1998, Chávez introdujo el tema de una Asamblea Nacional Constituyente para elaborar una nueva constitución como paso primordial para refundar un país que según él, era corrupto hasta sus cimientos y por lo tanto había que refundarlo.

Durante esa campaña, el avance de Chávez en las encuestas llevó a que los partidos tradicionales retiraran a sus candidatos, Luis Alfaro Ucero, no quiso retirarse. Acción Democrática y COPEI, apoyaron a Henrique Salas Römer, el exgobernador del Estado Carabobo, líder del partido Proyecto Venezuela.

Chávez se alejó de la imagen de Fidel Castro, durante su campaña presidencial, y afirmó ser más cercano al pensamiento de la Tercera vía, entre el capitalismo y el socialismo, afirmó que no cerraría los medios de comunicación. Aseveró que no nacionalizaría ningún sector de la economía nacional y que atraería la inversión extranjera. Se mostraba ante los medios de comunicación como un hombre moderado, pacifico, con una agenda democrática y no comunista.

El 6 de diciembre de 1998, Hugo Chávez Frías ganó la presidencia de la República de Venezuela. Como presidente electo se dedicó a recorrer algunos países incluyendo los Estados Unidos.

Dictadura de extrema izquierda: Inicio de la Era Chavista

El 2 de febrero de 1999, Hugo Chávez Frías tomó posesión de su cargo, en una ceremonia a la que asistió incluso el expresidente Carlos Andrés Pérez. Y juró "Ante la moribunda constitución" de 1961, la misma que había violado casi 7 años atrás, que transformaría el sistema democrático venezolano.

El 4 de febrero de 1999, Hugo Chávez, en su condición de Comandante en Jefe de las Fuerzas Armadas Venezolanas, encabezó un desfile militar en el Paseo Monumental Los Próceres de Caracas para conmemorar los 7 años del intento de Golpe de Estado que lo lanzó a la fama y lo llevó a la presidencia por vía democrática.

El 10 de abril de 1999, el entonces presidente de la República, Hugo Chávez, se convirtió en el primer presidente de Venezuela en atacar públicamente a los demás poderes públicos, afirmando que "el Congreso y la Corte Suprema de Justicia no tienen autoridad legítima ni moral" para refutar la Asamblea Nacional Constituyente, el día 11 de abril del mismo año lo reafirmó diciendo: "Si hiciera una encuesta en el país el 90 por ciento apoyaría la disolución" y agregó de nuevo: "Ese congreso y la Corte Suprema de Justicia no tienen legitimidad política". Los ataques del jefe de Estado fueron respondidos por la Magistrada Cecilia Sosa, Presidente de la Corte Suprema de Justicia, Sosa fue la única que protestó contra los ataques de Chávez, mientras tanto, el presidente de la Cámara de diputados, Henrique Capriles Radonski llamó a evitar la "confrontación innecesaria".

El 25 de abril de 1999, se produce el referendo consultivo que autoriza por voto de la mayoría, la instalación de una Asamblea Nacional Constituyente, algo que no estaba contemplado en la Constitución de 1961 y que no era un mecanismo establecido en ella para ser reformada o cambiada. El referendo consultivo en si fue un asalto al Estado de Derecho que la constitución de 1961 había establecido, a pesar de ser la voluntad de la mayoría de los venezolanos de entonces, no era legal, en este momento se instala en Venezuela, formalmente, una oclocracia, que es una degeneración de la democracia, y ocurre cuando la democracia se mancha de ilegalidad y violencia, haciendo que la voluntad general se desnaturalice para responder a los intereses de un grupo, que podrían ser la mayoría pero que cuyos intereses no responden a los intereses generales de la nación.

Ese día se suspendieron las sesiones del Congreso de la República, y se redujo su accionar a una Comisión Delegada, hasta el 28 de marzo del 2000, cuando fue disuelto. La constitución de 1999 eliminó el Senado de la República que estuvo vigente desde 1811 hasta el año 2000. El órgano legislativo que lo sucederá será la Asamblea Nacional, unicameral, al igual que la Asamblea Nacional del Poder Popular de Cuba.

La Asamblea Nacional del Poder Popular de Cuba, tiene facultades legislativas y constituyentes y el Tribunal Supremo

Popular de Cuba, la Contraloría General de Cuba y la Fiscalía General de Cuba se subordinan a dicha Asamblea. El proyecto de constitución de 1999, elimina el Congreso y crea la Asamblea Nacional como órgano del poder Legislativo y crea algo que no existe en la constitución de 1961 que es la Asamblea Nacional Constituyente, esta afirma que el pueblo es el depositario del poder originario y solo este puede convocar dicha Asamblea con el objetivo de transformar el Estado, crear un nuevo ordenamiento jurídico y crear una nueva constitución.

Los artículos de la Constitución de 1999: 347, 348 y 349, establecen de manera imprecisa la convocatoria a una Asamblea Nacional Constituyente afirmando que tiene por objeto: 1. Transformar el Estado. 2. Crear un nuevo ordenamiento jurídico. 3. Crear una nueva constitución. Pero no establece los límites de tiempo del funcionamiento de la misma. No establece quienes serán sus integrantes y cómo se regirá su accionar en dicha Asamblea Nacional Constituyente. En su artículo 348 afirma que los poderes constituidos, no podrán objetar las decisiones de la nueva Asamblea Nacional Constituyente. Esto no estaba contemplado en la constitución de 1961, ya que en su artículo 246, establecía claramente el procedimiento para la reforma general de la misma. En la constitución de 1999, se establece el claro procedimiento para el caso de enmiendas (artículos 340 y 341) y reformas constitucionales (artículos 342 al 346). Esto podría generar un vacío legal, puesto que un presidente o presidenta que gozará de amplia popularidad podría disolver la Asamblea Nacional o convocar una Asamblea Nacional Constituyente que estando bajo su control, controlara los demás poderes públicos estableciendo una autocracia en el país. Fue lo que hizo Chávez a partir de su llegada al poder y que luego se hizo legal con la entrada en vigencia de la nueva constitución. El único artículo que defiende al pueblo de esta pequeña artimaña jurídica es el 350, para quitarle ese poder al pueblo tiene que ser el autócrata el que controle toda la fuerza a través de un control de la Fuerza Armada Nacional y del desarme de la población civil.

El 5 de julio de 1999, en el Congreso de la República, el historiador Jorge Olavarría, orador de orden de la sesión que conmemora la firma del acta de la independencia de Venezuela, lanza duras críticas a Chávez, asegurando que el país se dirige hacia un régimen autocrático, donde las Fuerzas Armadas van a perder su condición de apoliticismo, al acceder al voto y que Chávez destruirá la misma, al ser él mismo quien otorgue los ascensos desde el grado de Coronel o Capitán de Navío, y no el Congreso a través de comisión especial, como fue mandato de Simón Bolívar al fundarse la República. De instaurar una justicia popular que finalmente irá en contra de los derechos del pueblo y terminará atropellándolos. Asimismo, acusa a Chávez de apoyar públicamente a sus candidatos y de usar los recursos públicos para tal fin, y que cuando el Contralor General de la

República, afirma que investigara los hechos, Chávez se burla del contralor y minimiza su poder.

Olavarría indicó que la pérdida del profesionalismo, imparcialidad, apoliticismo y subordinación a la constitución y la democracia para defender intereses personales e ideológicos, llevaría a las Fuerzas Armadas a irrespetar las instituciones civiles de la democracia.

Lo más sorprendente, fue que Olavarría fue entre 1997 y 1998, un seguidor y defensor de Hugo Chávez y ahora pedía que fuese enjuiciado y destituido por la Corte Suprema de Justicia.

El 25 de julio de 1999, se realizan elecciones para elegir a los miembros de la Asamblea Nacional Constituyente. El 3 de agosto de 1999, Hugo Chávez Frías, instala la Asamblea Nacional Constituyente que es controlada en su mayoría por políticos afines a su ideología.

El 24 de agosto de 1999, la presidente de la Corte Suprema de Justicia, magistrada, Cecilia Sosa, renuncia a su cargo y denuncia el fin del Estado de Derecho en Venezuela. Ocho de los quince magistrados de la Corte acataron la orden de la Asamblea Nacional Constituyente de someterse a su voluntad "plenipotenciaria", mientras que Sosa advertía que la Asamblea Nacional Constituyente solo debe redactar la nueva constitución.

El 25 de agosto de 1999, la Asamblea Nacional Constituyente suspendió las sesiones del Congreso. El 8 de noviembre de 1999, a pocos días de concluir sus funciones para elaborar la nueva constitución, la Asamblea Nacional Constituyente disolvió la Corte Suprema de Justicia.

La discusión política se concentró en la nueva constitución y su contenido, cambia el nombre del país de República de Venezuela a República Bolivariana de Venezuela, elimina la Cámara de senadores que funcionaba desde 1811, crea una Asamblea Nacional, unicameral, le da facultades al presidente para disolver la misma cuando sea necesario, le cambia el nombre a las Fuerzas Armadas y pasan a denominarse Fuerza Armada Nacional, le quita la facultad al Poder Legislativo de autorizar el ascenso a militares desde los grados de Coronel y Capitán de Navío y se la da al presidente, aumenta el periodo presidencial de cinco a seis años con posibilidad a reelección, por solo una vez de forma consecutiva, algo que no existía en la constitución de 1961 y con la que el presidente podía gobernar durante doce años. Crea dos nuevos poderes, el electoral y el moral.

El 15 de diciembre de 1999, se realizaría referéndum para aprobar la constitución, pero el 10 de diciembre, el Ministerio del Ambiente y de los Recursos Naturales emitió una alerta sobre las fuertes lluvias que se presentaban en el litoral central, sobre todo en el Estado Vargas. Las fuertes precipitaciones ya alcanzaban niveles históricos. El 14 de diciembre de 1999, los periodistas preguntan a Hugo Chávez si se suspenderán las elecciones debido a la situación en Vargas, Chávez contesta: "Si la naturaleza se opone, lucharemos contra ella y haremos que nos obedezca" refiriéndose a una frase atribuida a Simón Bolívar sobre el terremoto de 1812.

El 15 de diciembre de 1999, se aprobó la nueva constitución con 71.78% de los votos con una participación de 44.38%. Mientras que en Vargas estallaba un desastre socionatural, que se extendería durante ese 15, 16 y 17 de diciembre de 1999 y generó la muerte de cerca de veinte mil o treinta mil personas. Este hecho hizo que llegara al país ayuda internacional ya que se sobrepasó las capacidades del Estado para atender la tragedia.

Durante este periodo de conmoción nacional se decreta la emergencia nacional y el gobierno de Hugo Chávez tiene sus primeras tensiones con el gobierno de los Estados Unidos. Chávez niega el ingreso al país de navíos estadounidenses con ingenieros militares, alegando que Venezuela no los necesitaba. Estados Unidos manifestó que atendieron a un llamado del Ministro de la Defensa, General Raúl Salazar.

El 28 de febrero de 2000, Chávez lanza el Plan Bolívar 2000, con que la Fuerza Armada Nacional es destinada a labores de venta de comida a precio preferencial. De donde surgen los primeros casos de corrupción de militares en el gobierno de Hugo Chávez.

El 21 de mayo de 2000, una comisión de la DISIP al mando de Eliecer Otaiza, visita la gerencia de automatización del CNE y sustrae la base de datos del Registro Electoral Permanente.

El 30 de julio de ese año, se realizan elecciones generales para "legitimar las autoridades", que no fue más que una estrategia política de Chávez para que casi todas las autoridades fueran afines a su ideología. Las elecciones estuvieron envueltas en un halo de fraude. El Centro Carter, observador de los comicios afirmó que podía existir parcialidad en el Consejo Nacional Electoral. El Director del Registro Electoral Permanente, era el General Ramón Santeliz Ruiz, rector suplente del CNE hasta el año 2005, quien había ayudado a Chávez a llegar a puestos clave dentro de las Fuerzas Armadas. En 2011, Chávez confesó que el general era un aliado suyo "un viejo conspirador".

En octubre de 2000, Chávez emite el Decreto presidencial 1011, que modificaba parcialmente el reglamento del ejercicio profesional docente, enviaría monitores itinerantes que responderían al ministro de educación directamente y no a los jefes de las zonas educativas, irrespetando el propio proceso de descentralización ministerial del país y autorizaba el ingreso de docentes enviados por el gobierno cubano a Venezuela. En 1994, en La Habana, Chávez dijo que los cubanos tendrían una importante participación en su gobierno. El 29 de octubre de 2000, se firma un acuerdo binacional entre Cuba y Venezuela para la cooperación en 10 ministerios, en una visita de Fidel Castro a Venezuela, donde Chávez y Castro usan el uniforme militar de ambos países. Chávez acuerda con Castro la entrega de 53.000 barriles diarios de petróleo a Cuba, a cambio de médicos, docentes y entrenadores deportivos cubanos. Esto permitirá a Cuba triangular el petróleo venezolano, revendiéndolo y obteniendo una buena tajada de ganancia.

Durante el año 2001, comienzan a llegar a Venezuela los primeros profesionales cubanos.

La respuesta de la sociedad civil no se hizo esperar y generó el primer movimiento de rechazo en contra de la gestión de Hugo Chávez, quien el 13 de noviembre de 2001 anuncia 49 leyes aprobadas por él, vía Ley habilitante con la que modificaba el marco jurídico venezolano de un plumazo. Los instrumentos legales incluían una reforma agraria que permitía la expropiación de tierras, también existía una reforma de la Ley de Hidrocarburos que aumentaba la tributación de las transnacionales petroleras a 31%, retrocediendo los avances de la Agenda Venezuela y creaba empresas mixtas donde el

Estado tuviese una participación accionaria del 51%. La ley de pesca limitaba la pesca comercial en favor de la pesca artesanal.

El 10 de diciembre de 2001, se produjo una huelga general de 24 horas, impulsada por la Confederación de Trabajadores de Venezuela (CTV) y Fedecamaras. Chávez había hecho que trabajadores y empresarios se unieran contra él, ese día recibió cacerolazos, (golpes constantes a ollas para manifestar descontento), cuando daba un discurso en la Base Aérea La Carlota durante el aniversario de la creación de la Aviación Militar, en su alocución televisiva se podían escuchar las cacerolas al unísono con la voz de Chávez.

A partir del año 2001, Chávez promovió la conformación de cooperativas como modelo económico para el desarrollo. Inspirado en la construcción de un modelo productivo donde los pequeños productores le hiciera frente a los grandes capitalistas, basándose para ello en el propio modelo de Cuba, como reza el artículo 15 de la Constitución de Cuba de 1976. En la práctica se crearon más de 300.000 cooperativas de maletín para acceder a créditos de la banca pública y privada que resultaron siendo grandes estafas.

El 21 de diciembre de 2001, Chávez crea los Círculos Bolivarianos, en teoría son organizaciones cuyo objetivo es fomentar y difundir el pensamiento de la "revolución bolivariana", pero en la práctica son grupos paramilitares que se encargaran de la defensa armada de la revolución de Chávez. Meses antes, en mayo de 2001, Chávez afirmó: "Estoy convencido que si por alguna razón este intento de hacer una revolución sin las armas fracasara, lo que vendría luego sería una revolución con las armas, porque es la única salida que tenemos los venezolanos". Desde su llegada al poder el acceso a las armas se fue limitando, en 1998 existían cerca de 3.000 tiendas de armas y en 2012, solo quedaban 80, que debieron cerrar sus puertas cuando el gobierno prohibió la venta de armas a la población civil. Aunque Chávez no prohibió el uso de las armas limitó la entrega de portes de armas con lo que fue asfixiando a las tiendas de ventas y municiones, siguiendo las máximas de Mao Zedong: "Todo buen comunista debería saber que el poder político crece en el cañón de un arma. El partido comunista debe controlar las armas", así Chávez se encargó de quitarlas a quienes las obtenían legalmente, en un proceso muy minucioso, y otorgarle las armas de manera ilegal a sus seguidores.

El 23 de enero de 2002, una multitudinaria marcha llena las calles de Caracas en contra de Hugo Chávez. El 7 de febrero de ese año, el Coronel de la Aviación, Pedro Soto, ex edecán de Carlos Andrés Pérez, se convierte en el primer oficial activo de la FAN en solicitar la renuncia del presidente de la República.

El 9 de abril de 2002, comienza un paro general que se convierte en indefinido. Una multitudinaria marcha el día 11 de abril en rechazo a Chávez, termina en masacre cuando francotiradores producen la muerte de 16 personas y decenas de heridos durante la marcha. Ese día miembros de los Círculos Bolivarianos usaron de forma discrecional sus armas por primera vez para defender la revolución. Chávez ordena la aplicación del Plan Ávila y su Alto Mando Militar lo desobedece y solicita su renuncia. Chávez se entrega durante la madrugada del 12 de abril.

El presidente de Fedecamaras, Pedro Carmona Estanga, asume la presidencia de la República de forma provisional, pese a no pertenecer a la cadena de mando que establece la constitución de 1999, debido a que sabía que dicha cadena estaba subordinada complemente a Chávez, considerándose este un gobierno de facto y deroga la constitución, asumiendo poderes dictatoriales que llevan a la Fuerza Armada a deponerlo y restablecer a Chávez en el poder.

A partir de ello, Chávez comienza a depurar la Fuerza Armada Nacional. Hace cambios militares desde el 16 de abril de 2002. Desde entonces, se aferra a su aliado incondicional y a quien confiará hasta su salud: Fidel Castro. Se observa con mayor frecuencia la presencia de agentes seguridad del Estado cubano para la protección de Hugo Chávez y labores de inteligencia y contra inteligencia.

Fidel Castro pone a disposición de Chávez, el G2, una oficina de espionaje, que es un grupo que en principio en los años 1960, tenía la labor de hacer inteligencia y contrainteligencia contra los enemigos internos de la revolución, con el tiempo se ramificaron hacia el exterior donde crecían los disidentes de la revolución cubana. Estos funcionarios tenían asesoría de la agencia soviética KGB, y llegó a infiltrar grupos opositores a la revolución cubana. Desde entonces, el G2 es el órgano de confianza de Cuba a disposición de Chávez para confirmar la información de los órganos de inteligencia venezolano y protegerlo de los mismos venezolanos.

Conforme avanza el tiempo, se acelera la llegada de médicos y personal de las ciencias de la salud de Cuba a Venezuela, entre los cuales también hay espías cubanos que se infiltran en las comunidades y barrios de Caracas en primera instancia.

Para 2002, Chávez enfrenta un nuevo paro nacional en diciembre de ese año, esta vez toda la industria petrolera se une por tiempo indefinido. El 16 de diciembre de 2002, se exige a la Fuerza Armada Nacional que desobedezca las órdenes de los tribunales de la República y accedan a tomar las instalaciones petroleras, con lo que rompe definitivamente el Estado de

Derecho en Venezuela y la obediencia de los militares a las instituciones civiles, disponiendo personalmente de ellas.

Para febrero de 2003, ya ha logrado superar la huelga petrolera y recibe al apoyo de otros trabajadores petroleros. En ese mes, la Coordinadora Democrática, coalición de oposición, recoge cuatro millones de firmas para un referéndum consultivo que luego se convierte en revocatorio.

En septiembre de 2003, el Consejo Nacional Electoral (CNE) invalida las firmas y luego se retracta en octubre de ese año. El rector del CNE, Jorge Rodríguez Gómez, se encarga de organizar técnicamente el proceso.

Jorge Rodríguez Gómez, es el hijo del dirigente comunista Jorge Rodríguez, fundador del partido marxista Liga Socialista, asesinado por la DISIP en 1976, por lo que parcialidad del rector estaba en dudas sin necesidad de establecer todos los nexos que poseía con el chavismo.

En este proceso, se probarían unas nuevas máquinas electores, que presentó la empresa Smartmatic, ganadora de la licitación para la maquinas. Rodríguez se encargó de elegir a la comisión técnica que aprobó a Smartmatic por unanimidad.

El dueño de la compañía, Alfredo Anzola, murió en extrañas circunstancias en 2008, cuando el avión en que viajaba pilotado por el narcotraficante, Mario José Donadi, quien estaba incumpliendo una medida de un tribunal de estado Vargas para salir del país, lo estrellara en una vivienda de Catia La mar.

En febrero de 2004, Hugo Chávez solicitó al CNE la data de las personas que habían solicitado un referéndum revocatorio en su contra. En marzo de ese año, el diputado Luis Tascón publicó en un sitio web la base de datos con 2.400.000 electores venezolanos que habían firmado contra Chávez, con esto el chavismo comenzó un proceso discriminatorio de venezolanos en puestos gubernamentales y realizó una depuración de las instituciones de gobierno, además la lista se usó para negarle trabajo a personas contrarias al régimen.

En agosto de 2004, Chávez ganó el referéndum y permaneció en el poder, superando la fuerte oposición que tuvo en sus primeros años, logrando dividirla a través de mesas de dialogo infructuosas que solo le dan tiempo para preparar nuevas jugadas. La coalición opositora Coordinadora Democrática se disolvió en ese mismo año, 2004.

A partir del año 2005, Chávez comenzó su política de expropiaciones y nacionalizaciones, que lo llevaron a establecer un sistema comunista en Venezuela. El 30 de enero de 2005, anunció que implementaría en Venezuela el socialismo del siglo XXI y se declaraba marxista.

Durante este año se acelera la exportación de la Revolución Bolivariana en América Latina con ayuda en política y de inteligencia del régimen cubano. Se crean comités de solidaridad con la Revolución Bolivariana en el extranjero, siguiendo los preceptos dejados por Willi Münzenberg, quien establece los normas de la propaganda comunista, que fue perfeccionada por la Unión Soviética y adaptada a la realidad latinoamericana por la dictadura cubana. Münzenberg definió que los errores de los regímenes comunistas debían ser ocultados en el exterior con desinformación, aseverando que: o eran parte de una campaña mediática o eran culpa del enemigo del marxismo, y usaba pequeños grupos de ciudadanos que defendían el sistema comunista. Por eso es que mucha gente en el mundo y en Latinoamérica creían y creen en los beneficios de la revolución cubana y en que si hay algo malo dentro de Cuba, es culpa del enemigo: los Estados Unidos. A través de esta difusión de la revolución bolivariana, los comités de solidaridad, el descontento de los pueblos y el financiamiento venezolano de campañas políticas de izquierda, se logra levantar en América Latina la llamada *Marea Rosa*, momento que la región se vuelca hacia gobiernos de izquierda y exalta la figura de Hugo Chávez como líder de la izquierda mundial.

Simultáneamente, Chávez inicia una hegemonía comunicacional, principio fundamental de la propaganda de Münzenberg, con la se controlan los medios nacionales y se crean medios internacionales como Telesur. La política es enteramente comunicación y es clave controlarla, difundirla. Tomar la comunicación del enemigo, digerirla, transformarla y retransmitirla es esencial para ganar la batalla "comunicacional". Es por esto que Chávez domina internacionalmente, en esa época, porque su oposición no puede romper esta barrera que él crea.

El 4 de diciembre de 2005, el Movimiento Quinta República partido de Chávez ganó 116 de 167 escaños en la Asamblea Nacional. Luego que los principales partidos de oposición Acción Democrática, COPEI, Primero Justicia y Proyecto Venezuela se retiraran de las elecciones parlamentarias alegando falta de confianza en el CNE. La elección solo tuvo una participación del 25%. Con mayoría parlamentaria, Chávez pudo gobernar sin obstáculos legislativos permitiéndole aprobar un nuevo orden jurídico para su revolución.

El 3 de diciembre de 2006, Chávez gana la reelección contra el candidato presidencial y exgobernador del estado Zulia, Manuel Rosales.
El 28 de diciembre de 2006, un Chávez con uniforme militar en un acto de salutación el año nuevo 2007, a la Fuerza Armada

Nacional, anuncia el fin de la concesión y la no renovación de la licencia para transmitir a Radio Caracas Televisión (RCTV), por considerarlo un canal "golpista" y "fascista", paradójicamente, Chávez llama a sus enemigos golpistas cuando él también fue uno. En 1998, Hugo Chávez había prometido que nunca cerraría un medio de comunicación.

El 10 de enero de 2007, Hugo Chávez tomó posesión del cargo de presidente de la República Bolivariana de Venezuela, para el período 2007-2013, haciendo una adaptación del juramento del Monte Sacro, Italia donde Simón Bolívar juró liberar Venezuela, él lo hizo jurando establecer el socialismo en Venezuela.

En febrero de 2007, Chávez ordena la expropiación de las empresas eléctricas Seneca y Electricidad de Caracas, también ordena a la Fuerza Armada Nacional el uso del lema: "Patria, socialismo o muerte" en todas las unidades militares y en todas las comunicaciones orales y escritas. El radiograma Nr. 52-001-00000-4119, de fecha 13 de abril de 2007, suscrito por el entonces General de Brigada, Hebert Josué García Plaza, ordenaba, "por instrucciones del Comandante General del Ejército, que el lema a utilizar por el personal subalterno encuadrado en formación será 'Patria, Socialismo o Muerte'". A este acto de politización le siguió el uso de la franela color rojo debajo del uniforme verde oliva (Patriota).

En mayo, Chávez renacionaliza la Compañía Anónima Nacional Teléfonos de Venezuela (CANTV). El 21 de mayo de 2007, miles de venezolanos en su mayoría estudiantes y periodistas salen a las calles a protestar contra las agresiones de Chávez a la libertad de prensa y su creciente escalada de autoritarismo, ordena que les echen "gas del bueno". De estos hechos nacerá la generación política 2007. El 27 de mayo de 2007, RCTV apagó sus transmisores y la señal fue ocupada por la Televisora Venezolana Social (TVes), un medio de comunicación propiedad del Estado venezolano, creado por Chávez para ejercer la hegemonía comunicacional de su ideología política.

En junio de 2007, las empresas estadounidenses Exxon Mobil y ConocoPhilips inician un litigio con el Estado venezolano, luego de la expropiación de sus campos petroleros.

El 15 de agosto de 2007, Hugo Chávez Frías presenta el proyecto de reforma constitucional para crear un Estado socialista en Venezuela. El proyecto es una copia fiel del modelo comunista cubano.

El proyecto de reforma de la constitución de 1999 de Chávez, modificaba el artículo 11 sobre la soberanía de la república: le daría facultades para establecer Regiones Estratégicas Militares, para la defensa y crear autoridades especiales para atender desastres o cualquier otra situación, que amerite la intervención del Estado.

De este modo, propuso modificar el artículo 16, para establecer a la ciudad como unidad primaria de la organización territorial, crear las comunas organizadas en distintas comunidades de una ciudad. En el artículo 18, pretendía crear un Sistema Nacional de Ciudades. Facultaría al Estado para que enfrente "toda acción especulativa respecto a la renta de la tierra, los desequilibrios económicos", basándose en el artículo 16 de la Constitución de Cuba de 1976. Crea un nuevo poder: Poder Comunal.

En el artículo 67, Chávez intenta legalizar el financiamiento del Estado a las organizaciones políticas, algo que prohíbe la constitución de 1999, para afianzar así su control sobre el erario público en actividades del Partido Socialista Unido de Venezuela (PSUV). Prohíbe expresamente el financiamiento extranjero a actividades políticas en Venezuela, algo que contradice su propio accionar al financiar campañas electorales en Latinoamérica.

En su artículo 112, modifica el llamado que hace el estado a impulsar la actividad privada a cambio de la promoción de actividades económicas de propiedad social, comunal o mixta, siendo este similar a los artículos 14 y 16 de la constitución cubana de 1976, en cuanto a la propiedad social de las empresas. En el artículo 115, crea unas nuevas formas de propiedad, elimina el derecho de las personas al acceso, goce y libre disposición de sus bienes. Cualquier tipo de propiedad estaría sometida a la discreción del Estado para su expropiación por razones de utilidad pública e interés social. Inspirado en el artículo 15 de la Constitución de Cuba de 1976 y agregándole ciertos matices para no eliminar inmediatamente la propiedad privada pero si limitándola.

En líneas generales, la propuesta de Chávez pretendía: Eliminar la descentralización, la autoridad de los gobernadores y alcaldes electos por el pueblo. Crear el Poder Popular y asignarle 5% del presupuesto nacional. Alargar el período presidencial a 7 años y eliminar las restricciones para la reelección. Crearía la figura del primer vicepresidente y facultaría al presidente para nombrar cuantos vicepresidentes considerara necesarios. Pretendía constitucionalizar las expropiaciones con objeto de asegurar la soberanía y seguridad alimentaria. Eliminaría la autonomía del Banco Central de Venezuela y lo pondría a la orden del Poder Ejecutivo Nacional. Eliminaría el Fondo de Estabilización Macroeconómica, cuyo objetivo es mitigar el efecto de la enfermedad holandesa sobre la economía nacional y a cambio, pone a disposición del Presidente de la República la administración de las reservas internacionales y así disponer del excedente para el gasto público, sobre todo en las llamadas Misiones Sociales.

La Asamblea Nacional dominada por Chávez también elaboró una reforma a la constitución. En esta, se aumentaría el porcentaje mínimo de electores para activar los referéndums

125

consultivo, revocatorio y aprobatorio de leyes. Reduce la edad mínima para votar de 18 a 16 años. Le quita a las Contralorías estadales su autonomía y se subordinan a la Contraloría General de la República, además el Poder Popular postularía a los contralores estadales. Elimina la figura de Parroquia dentro de los municipios. La Asamblea Nacional y el Poder Popular podrían elegir a los magistrados del Tribunal Supremo de Justicia, su elección la hará finalmente la Asamblea Nacional pero se reduce el requisito de mayoría calificada (2/3 de los diputados) por una mayoría simple. Le daría atribuciones al TSJ para que iniciara ante juicio de mérito contra los rectores del CNE, Generales y Almirantes miembros del Alto Mando Militar. También retiraría el derecho a la información de las garantías constitucionales que no pueden ser suspendidas o restringidas durante los estados de excepción. Estos, entre otros temas, que no pueden ser estudiados a profundidad por esta obra, llaman a la población a estudiarlos porque fue un intento claro de constitucionalizar un régimen totalitario comunista en el país.

Numerosas encuestas comienzan a mostrar resultados donde se refleja que la mayoría de los venezolanos desconoce el alcance de la Reforma Constitucional, a medida que pasan los días el rechazo en varios sectores de la vida nacional se hace sentir.

Uno de los golpes más duros a la Reforma lo dio el general retirado, ex ministro de la Defensa y miembro fundador con

Hugo Chávez del Movimiento Bolivariano Revolucionario 200 (MBR-200), Raúl Isaías Baduel, que si bien no llegó a participar en el intento de golpe de 1992, llegó a ser una figura emblemática dentro de los sectores que simpatizaban con Chávez. El 5 de noviembre de 2007, Baduel se pronunció contra la reforma aseverando que era un atentado contra el propio poder del pueblo y representaba una transformación del Estado, por lo tanto, no podía considerarse una reforma.

El 2 de diciembre de 2007, el pueblo de Venezuela rechazó la propuesta de Reforma Constitucional de Hugo Chávez Frías, siendo este su primer revés electoral desde su llegada al poder en 1999. Durante la madrugada del 3 de diciembre de 2007, Chávez admite su derrota, días después ante los rumores que el Alto Mando Militar lo había presionado para que la aceptara. Un Chávez muy alterado se refirió a la victoria de la oposición en el referéndum, como una "victoria pírrica" y usó otros términos para referirse a ella. También dijo que intentaría introducir la reforma de cualquier manera y que modificaría la Ley Orgánica de la Fuerza Armada Nacional para crear la Milicia y violar de nuevo la constitución.

A partir del primero de enero de 2008, entró en vigencia la reconversión monetaria al quitársele tres ceros a la moneda que pasó a denominarse Bolívar Fuerte. En enero de 2008, treinta y dos campos petroleros pasaron a control del Estado, eliminando todos los avances de la apertura petrolera de la Agenda Venezuela.

A finales de febrero de 2008, el Contralor General de la República, Clodosbaldo Russián, inhabilita a varios opositores venezolanos, entre ellos Leopoldo López, para ejercer cargos públicos. La Contraloría General será usada en adelante para castrar políticamente a todos los contrarios al chavismo, para evitar que crezcan como líderes en la opinión pública.

El 9 de abril de 2008, Hugo Chávez ordena la nacionalización de la Siderúrgica del Orinoco (SIDOR). El 19 de agosto nacionaliza la industria cementera del país. El 27 de agosto nacionaliza el transporte interno de combustible.

El 23 de noviembre de 2008, el partido de Chávez obtuvo 17 gobernaciones y 272 alcaldías. Mientras que la oposición al chavismo obtuvo 5 gobernaciones y 54 alcaldías.

En febrero de 2009, Chávez ordena la intervención y control militar de las principales empresas arroceras del país. Siendo Alimentos Polar la principal empresa afectada. El 4 de marzo, se ejecuta la expropiación de la planta procesadora de arroz de la compañía estadounidense Cargill, por incumplir la ley de producción de alimentos con precios controlados.

En los siguientes meses seguirá expropiando importantes empresas del país. El 3 de julio de 2009, nacionaliza el Banco de Venezuela. El 14 de octubre expropia el complejo turístico, Hotel Margarita Hilton.

Durante el año 2009, la inflación cierra en 25,1% y comienza una recesión económica debido a la caída del barril de petróleo de 140 dólares, a solo 40 dólares por barril.

El 17 de diciembre de 2009, Hugo Chávez ordena la detención de la jueza del Tribunal 31 de Control, María Lourdes Afiuni, y pide 30 años de prisión para ella. Por haber ordenado la liberación del banquero Eligio Cedeño. La exjueza sería violada en prisión y se le destruyeron sus órganos sexuales, vejiga y un seno necrosado por una patada con una bota militar.

El 20 de enero de 2010, Chávez expropia la cadena de hipermercados Éxito y luego otra cadena de automercados llamada CADA. Asimismo, el 27 de abril de 2010, el gobierno expropia algunos galpones de Empresas Polar. El 13 de mayo expropia la empresa de alimentos Sociedad Mercantil Molinos Nacionales (Monaca), de capital mexicano.

El 13 de junio de 2010, trabajadores de Empresas Polar ocupan las instalaciones de la compañía para evitar que sea expropiada. Chávez se refiere a ellos en los siguientes términos: *"Son trabajadores desclasados, los trabajadores esos de la Polar, defendiendo al burgués, a quienes los explotan, a quienes explotan a sus hijos. Deles vergüenza, pues, si es que tienen algo de vergüenza."* También amenazó al presidente de

Empresas Polar, el magnate venezolano Lorenzo Mendoza: *"Mendoza si tú crees que a las Empresas Polar no me atrevo a nacionalizarlas, estás equivocado, no te equivoques, es una sana recomendación que te doy... Acuérdate de RCTV, mírate en ese espejo. Cuidado Mendoza te quedas sin el chivo y sin el mecate."*

El 16 de julio de ese año, el gobierno exhuma los restos mortales del Libertador Simón Bolívar y exhibe sus huesos en cadena nacional, para probar su propia tesis que el fundador de la Patria habría sido envenenado.

El 30 de agosto de 2010, muere Franklin Brito, víctima de la política agraria que Chávez emprendió a partir de 2001. Brito era un biólogo y agricultor que encontró una variedad resistente al hongo que afectaba al ñame, por lo que informó a la Corporación Venezolana de Guayana del hallazgo, esta decide dejar de vender el pesticida a la alcaldía del municipio Sucre, del estado Bolívar (donde queda la finca de Brito), afectando los intereses de la Alcaldía del municipio dirigida por Juan Carlos Figarella, miembro del PSUV, El alcalde mueve sus influencias y otorgan a través de la Ley de Tierras de 2001, cartas agrarias que solapan la propiedad de Brito y la incomunican. Brito comenzó una serie de protestas desde 2003 pero su situación nunca fue atendida ni resuelta por intereses políticos, por lo que se convirtió en un caso emblemático del Estado todo poderoso del chavismo contra un ciudadano. En 2009, un comando militar lo desalojo de su huelga de hambre frente a la sede de Organización de Estados Americanos (OEA) y lo confinó en un depósito del Hospital Militar de Caracas, donde funcionaban los aires acondicionados, llegó a pesar 43 kilogramos y medía 1,90 metros. El chavismo lo tildó de loco y simplemente lo dejó morir. Tanto la Fiscal General de la República, Luisa Ortega Díaz como la defensora del Pueblo, Gabriela Ramírez afirmaron que Brito no gozaba de buena salud mental, cuando un informe del Cuerpo de Investigaciones Científicas, Penales y Criminalísticas decía lo contrario. En el Hospital Militar de Caracas intentaron rehidratarlo abruptamente, debido a tanto tiempo en huelga de hambre su cuerpo no resistió al cambio que el suero produjo en su organismo, lo que le ocasionó la muerte. Hugo Chávez también moriría en dicho hospital tres años después.

En septiembre de 2010, se realizaron elecciones parlamentarias donde el PSUV obtuvo solo 98 escaños en la Asamblea Nacional y la Mesa de la Unidad Democrática 65 escaños. Comienza la caída de la hegemonía legislativa del chavismo en Venezuela.

El 3 de octubre de 2010, Hugo Chávez expropia la empresa distribuidora de productos del campo, Agroisleña. El 25 de octubre de 2010, expropia la empresa estadounidense Owens Illinois de Venezuela. El 3 de octubre de 2010 expropia la empresa Siderúrgica del Turbio con sede en la ciudad de Barquisimeto.

El 17 de diciembre de 2010, la Asamblea Nacional aprueba una Ley Habilitante, que faculta a Chávez, de nuevo como en el 2001 a hacer sus propias leyes. Durante el 2010, el Ministro de Agricultura y Tierras, Juan Carlos Loyo se presentará con pistolas y funcionarios armados en las fincas privadas y comenzará un proceso de expropiación de cientos de ellas. La mayoría fueron saqueadas por los colectivos chavistas y abandonadas tiempo después.

El primero de abril de 2011, Venezuela comienza a importar electricidad desde Colombia, debido a la crisis eléctrica que empieza a afectar a la población. El 14 de mayo, el gobierno de Chávez anuncia un Plan de racionamiento eléctrico.

El 12 de junio de 2011, se inicia un motín en la Cárcel de El Rodeo, que termina con el ingreso de la Guardia Nacional al recinto, se encuentran armas cortas y de guerra, así como dinero y drogas.

El 30 de junio de 2011, Hugo Chávez anuncia al país, en cadena nacional desde La Habana, Cuba, que padece cáncer.

El 5 de julio de ese año, ordena se retire el lema: "¡Patria, socialismo o muerte!", un Chávez temeroso a la muerte propone que el nuevo lema sea: "¡Patria socialista y victoria! ¡Viviremos y venceremos!", incluso increpa a sus seguidores cuando en su cumpleaños número 57 gritan el viejo lema que hace alusión a la muerte.

El 18 de octubre de 2011, la Comisión Nacional de Telecomunicaciones (CONATEL) multa al canal Globovisión con un total del 75% de sus ganancias del año anterior por darle cobertura informativa a los sucesos de la Cárcel de El Rodeo.

El 24 de enero de 2012, el precandidato presidencial Leopoldo López declina su candidatura ante Henrique Capriles Randonski, para las elecciones primarias de la Mesa de Unidad Democrática.

El 29 de enero de 2012, Hugo Chávez realiza por última vez el programa radial y televisivo ¡Aló, presidente!, que había ejecutado desde su llegada al poder en 1999.

El 12 de febrero de 2012, Henrique Capriles Radonski se convierte en candidato presidencial de la Mesa de Unidad Democrática para las elecciones de octubre de 2012.

El 14 de febrero de 2012, el magistrado del Tribunal Supremo de Justicia Francisco Carrasquero, ordena se le entreguen los cuadernos electorales de las elecciones primarias de la Mesa de Unidad Democrática con la que pretendía realizar una nueva Lista Tascón, un joven murió cuando la Guardia Nacional intentó apoderarse de los cuadernos electorales que finalmente fueron incinerados.

El 30 de abril de 2012, Hugo Chávez aprueba mediante Ley habilitante la nueva Ley Orgánica del Trabajo, que reduce la jornada laboral a 40 horas diarias, elimina la subcontratación en todas sus formas, asigna el pago doble en caso de despido, entre otros beneficios para los trabajadores. El primero de mayo aumenta en 15% el salario mínimo

El 15 de junio de 2012, Chávez promulga el nuevo Código Orgánico Procesal Penal mediante ley habilitante y elimina las vacaciones colectivas del poder judicial y autoriza a juzgar a los imputados en ausencia.

El 12 de agosto de 2012, Venezuela entra al Mercosur. El 25 de agosto se produce la explosión en la refinería petrolera de Amuay.
El 12 de septiembre, colectivos atacan la caravana del candidato presidencial Henrique Capriles Radonski, en Puerto Cabello, el día 29 del mismo mes, harán lo mismo en Barinas, dejando un fallecido.

El 7 de octubre de 2012, Hugo Chávez gana las elecciones presidenciales con el 54% de los votos frente a Henrique Capriles Randonski, que obtiene el 44%.

El 10 de octubre, Chávez designa a su canciller Nicolás Maduro Moros, como Vicepresidente de la República.

El 8 de diciembre, Hugo Chávez se dirige al país por última vez y designa a Nicolás Maduro como su sucesor,cc en caso de quedar inhabilitado para ocupar el cargo de presidente.

El 16 de diciembre de 2012, el chavismo gana 20 de las 23 gobernaciones del país. En Bolívar, Andrés Velásquez denuncia fraude en su contra, las actas que poseen en sus manos lo confirman. El 30 de diciembre Nicolás Maduro, Vicepresidente de Venezuela, anuncia que Chávez se encuentra en delicado estado de salud.

Ante la imposibilidad de que Chávez se juramente ante la Asamblea Nacional el 10 de enero de 2013, surge la discusión entre si Chávez está físicamente inhabilitado para ejercer la presidencia, y por lo tanto, se debe declarar su falta absoluta. El gobierno esgrimía que Maduro debía asumir la presidencia encargada mientras la constitución decía que debía hacerlo el presidente de la Asamblea Nacional, Diosdado Cabello. El 9 de enero de 2013, la magistrada Luisa Estella Morales, presidente del Tribunal Supremo de Justicia, dijo que no era indispensable hacer la juramentación en el día que establece la constitución y puede darse posteriormente, una vez se recupere Chávez.

El 28 de enero se crea la Corporación Venezolana de Minería.

La falta de información oficial sobre la salud de Chávez, es cubierta por rumores y señalaban que Chávez tiene muerte cerebral desde el 28 de diciembre de 2012. El 8 de febrero el gobierno venezolano, anuncia que devaluará el bolívar de 4,30 a 6,30 bolívares por dólar para artículos prioritarios y un sistema de subastas para otras necesidades de divisas. El 18 de febrero, medios oficiales anuncian que Chávez ha regresado al país y está recluido en el Hospital Militar de Caracas.

El 5 de marzo de 2013, el gobierno venezolano anuncia que Chávez ha muerto de cáncer en Caracas. El 6 de marzo, el cambio del dólar en el mercado negro pasa de 24 a 26 bolívares por dólar. El 8 de marzo, Nicolás Maduro Moros jura como presidente encargado de Venezuela y solicita al CNE se llame a elecciones presidenciales inmediatas.

El 10 de marzo, Henrique Capriles acepta de nuevo la candidatura de la MUD para unas elecciones presidenciales y afirma que Maduro es ilegitimo porque su designación ha violado la constitución.

El 25 de marzo se realiza la primera subasta del Sistema Complementario para la Asignación de Divisas (SICAD), ese día el precio llegó a 15 bolívares. El primero de abril, Nicolás

Maduro emite un decreto que obliga a las personas a presentar una receta médica para comprar medicamentos.

El 3 de abril, la MUD denuncia irregularidades en las máquinas de votación del Consejo Nacional Electoral (CNE) y solicita que la Milicia Bolivariana, integrada por miembros del PSUV abandone el proceso electoral. El 8 de abril, un grupo de colectivos afectos al chavismo dispara contra un campamento opositor en la Plaza La Castellana de Caracas, deja siete heridos.

El 10 de abril, Nicolás Maduro ordena el cierre de la frontera colombo-venezolana, la más concurrida del país y las demás fronteras, también quedan cerradas, miles de venezolanos se quedan sin votar.
El 14 de abril de 2013, comienza el proceso electoral, surgen denuncias que afirman que motorizados afectos al chavismo amedrentan a los votantes fuera de los centros electorales. Ese día, Nicolás Maduro gana por un pequeño margen de votos. El candidato opositor, Henrique Capriles no reconoce los resultados de las elecciones y llama a un conteo manual.

Los días posteriores, se presentan manifestaciones que son reprimidas por la Guardia Nacional y la Policía Nacional Bolivariana, este escenario deja 7 muertos y 61 heridos.

Mientras que la Fiscal General de la República, Luisa Ortega Díaz, acusa a la oposición del saldo fatal.

El 17 de abril, la presidente del Tribunal Supremo de Justicia, Luisa Estella Morales, declara que el conteo manual no se dará en Venezuela.

El chavismo sin Chávez

El 19 de abril de 2013, Nicolás Maduro Moros jura ante la Asamblea Nacional de Venezuela como presidente constitucional para el periodo 2013-2019, lo hace exactamente 60 años después que el General Marcos Pérez Jiménez que fue juramentado el 19 de abril de 1953 en la Asamblea Nacional Constituyente de entonces. Comienza la dictadura más atroz e inhumana de la historia republicana de Venezuela.

El 27 de abril, Maduro ordena la detención del General Antonio Rivero y lo acusa de la violencia en las calles luego de las elecciones.

El 13 de mayo de 2013, Maduro lanza la Misión Negro Primero, un programa social para militares y sus familias. A través de este, repartirán lavadoras, cocinas, camas, televisores y automóviles durante su primera etapa, en la práctica será un esquema de corrupción castrense. Años después, los rangos medios y bajos de la FAN comenzarán a desertar en grandes cantidades debido a su precaria situación económica.

El 14 de mayo, el gobierno de Maduro importa cincuenta millones de rollos de papel higiénico para paliar la escasez de este producto, que ha desaparecido del mercado nacional debido a las regulaciones impuestas por los gobiernos de Chávez y Maduro. La escasez de papel higiénico se da luego que en enero 2005, Hugo Chávez expropiara la empresa de papel, Venepal, y creará Invepal. En lo posterior, Maduro utilizará la escasez de papel para cerrar medios de comunicación impresos.

El 4 de junio la Asamblea Nacional controlada por Diosdado Cabello, aprueba por unanimidad la Ley para el Desarme y Control de Armas y Municiones y restringe el derecho al uso de las armas de la población civil, en contraste, con el crecimiento de colectivos chavistas armados.

El 6 de junio, el Banco Central de Venezuela anuncia que la inflación de mayo fue de 6,1% y una inflación acumulada de 19,4%, un alza que no se veía desde junio de 1996.

El 10 de junio, Maduro anuncia que han detenido un plan para asesinarlo. Ese mismo día, el sector universitario inicia una huelga general debido al déficit presupuestario, las manifestaciones son atacadas por colectivos chavistas.

El 24 de julio, Diosdado Cabello denuncia un plan para asesinarlo y al presidente Maduro. El 30 de Julio, la Asamblea Nacional presidida por Diosdado Cabello allana la inmunidad parlamentaria del diputado Richard Mardo. El 31 de julio el ministro del interior, Miguel Rodríguez Torres, da detalles del supuesto plan de magnicidio.

El 7 de agosto, el Tribunal Supremo de Justicia presidido por Luisa Estella Morales, niega los diez recursos de la Mesa de Unidad Democrática contra las elecciones del 14 de abril.

El 3 de septiembre, un apagón deja sin energía eléctrica al 60% del país.
El 13 de septiembre, Maduro crea al Órgano Superior de la Economía, para velar por la "estabilidad económica y los precios justos".
El 21 de septiembre, autoridades francesas anuncian la incautacíon de 1,3 toneladas de cocaína en maletas del vuelo 385 de Air France, que salió desde el Aeropuerto Internacional de Maiquetía, siendo la mayor incautación de cocaína en Francia hasta entonces, valoradas en 200 millones de euros, estuvieron involucrados miembros de la Fuerza Armada Nacional y civiles venezolanos.

El 2 de octubre de 2013, la Fiscal General de la República, Luisa Ortega Díaz, solicitó al TSJ el antejuicio de Mérito contra la Diputada María Aranguren, una parlamentaria del PSUV que renunció al chavismo en febrero de 2012, esto que fue una artimaña jurídica, para lograr que el chavismo obtuviera el diputado 99 en la Asamblea Nacional y así representar las tres quintas partes del Parlamento necesarias para aprobar una ley habilitante.

El 8 de octubre, Maduro pide a la Asamblea Nacional poderes especiales para legislar mediante Ley Habilitante para combatir las prácticas corruptas y distorsiones de la "guerra económica".
El 19 de octubre el TSJ admite la solicitud de antejuicio de mérito contra los diputados María Aranguren y Juan Carlos Caldera.

El 6 de noviembre de 2013, Maduro anuncia planes económicos cuyos objetivos son: lucha contra la especulación, la reestructuración del ordenamiento económico para estabilizar la producción, el reajuste de los precios de bienes y productos del todo el país, lograr el "equilibrio real", y la creación de una red de comités de defensa de la economía. También crea ocho nuevos organismos para combatir la "guerra económica".

El 8 de noviembre, en cadena nacional, Maduro ordena al jefe del órgano Superior de la Economía, Hebert García Plaza, la intervención de la cadena de tiendas Daka, y ordena bajar sus precios e insta a la población a comprar los productos rebajados. El llamado de Maduro genera saqueos en las tiendas Daka.

El 9 de noviembre, Maduro ordena el bloqueo de las páginas web que anuncian el precio del dólar no regulado.

El 20 de noviembre, Maduro obtiene su ley habilitante para legislar en lo económico y frenar la "guerra económica". El 22 de noviembre, crea el Banco de la Fuerza Armada Nacional Bolivariana (BANFANB), será un peligroso mecanismo de corrupción y desfalco de la nación por parte de los militares ahora con poder político y económico de forma "legal".

El 26 de noviembre es asesinado por un sicario, José Chirinos, candidato de la MUD a concejal del municipio Baralt, estado Zulia. Ese mismo día, un grupo paramilitar secuestra al general retirado (GNB), Ramón Lozada Saavedra, quien además es biólogo marino, asesor de la Mesa de Unidad Democrática (MUD) en temas de agricultura, pesca y ambiente. Posteriormente, será degradado por Nicolás Maduro y encarcelado.

El 30 de noviembre una manifestación pacífica autoconvocada de opositores a Maduro, es atacada a balazos por colectivos chavistas.

El 15 de enero de 2014, Maduro crea la Superintendencia de precios justos y fija el máximo de ganancias permitidas en 30% sobre los costos de producción.

El 2 de febrero se instalan asambleas ciudadanas en todo el país, reciben el nombre de La Salida y están lideradas por los opositores: Leopoldo López, María Corina Machado y Antonio Ledezma. Convocan a una marcha para el día 12 de febrero de 2014.

El 4 de febrero comienzan manifestaciones estudiantiles en Táchira, Mérida y se expanden a Caracas en pocos días.

El 12 de febrero de 2014, se produce la marcha del día de la juventud, que se torna en violencia y represión. Francotiradores del Servicio Bolivariano de Inteligencia Nacional (SEBIN), asesinan al joven Bassil Da Costa. Durante disturbios nocturnos asesinan al joven Robert Redman, quien había ayudado a cargar el cuerpo de Bassil Da Costa, más temprano ese día.
Ese día Nicolás Maduro ordena el bloqueo de la señal del canal colombiano NTN24, por dar cobertura a los sucesos.

El 13 de febrero, un tribunal ordena la detención del dirigente opositor Leopoldo López. Maduro ordena bloquear la red social Twitter parcialmente, las imágenes no pueden ser vistas, son una única evidencia de lo que pasa en las calles tras el bloqueo informativo ordenado por el gobierno.

Las protestas continúan en todo el país y son fuertemente reprimidas por los cuerpos de seguridad que violan los derechos humanos en el proceso. El 18 de febrero, Leopoldo López se entrega a miembros de la Guardia Nacional

El 19 de febrero fue asesinada la Miss Turismo 2013, Genesis Carmona, en Carabobo, esto se dio después que el Gobernador de dicho estado Francisco Ameliach ordenara al colectivo "UBCH" salir a combatir a los opositores.

El 23 de febrero, funcionarios de la Dirección General de Contrainteligencia Militar (DGCIM) intentan allanar y detener al General (R) Angel Vivas, por haber recomendado el uso de técnicas militares para combatir a los colectivos armados que se desplazaban en motos. El General responde con un fusil de asalto para evitar ser detenido.

El 24 de febrero, la teniente de la Guardia Nacional Josneidy Castillo, neutraliza en el suelo y golpea con su casco en reiteradas a la manifestante Marvina Jiménez, la imagen recorre el mundo como un hecho de violación de los derechos humanos de la Guardia Nacional.

El régimen de Maduro utilizó a guerrilleros y paramilitares colombianos y militares cubanos durante las manifestaciones.

El 23 de febrero, la intérprete de señas del canal televisivo Venevisión, Adriana Urquiola fue asesinada por Jhonny Bolívar, un delincuente apodado "Capitán Bolívar" condenado por secuestro, usurpación de título militar, entre otros delitos a más de 23 años de prisión, y estaba recluido en la cárcel de Uribana, en Barquisimeto, sin embargo, se encontraba en Carabobo en libertad y poseía credenciales de la Policía Nacional Bolivariana, se presume que fue de los primeros reclusos en ser utilizado por la ministra Iris Varela para atentar contra los manifestantes opositores.

El 18 de junio de 2014, Jorge Giordani, un comunista italo-dominicano nacionalizado venezolano, quien fue ministro de planificación desde 1999 en el gobierno de Hugo Chávez, hasta el día anterior, publicó una carta donde manifestaba desacuerdos en materia económica con el ciudadano Nicolás Maduro, puesto que las últimas decisiones de gobierno hacían cada vez más dependiente del petróleo al país y se desviaban del curso original del "socialismo bolivariano". Giodarni fue expulsado del PSUV y sometido a una campaña de desacreditación. Giordani, recibió el apoyo del ex ministro Héctor Navarro, quien también fue expulsado del PSUV.

El 2 de septiembre de 2014, Maduro suprime el Ministerio del Ambiente y lo fusiona con el de Vivienda y Hábitat y crea el Ministerio de Ecosocialismo, vivienda y hábitat. Esto será una artimaña para eliminar las limitaciones constitucionales y legales del tema ambiental y así otorgar concesiones mineras, entre otros proyectos de explotación de recursos naturales que desde ese día, se harán sin estudios ambientales previos.

El 1 de octubre, es asesinado el diputado del PSUV, Robert Serra en su casa junto a su asistente, María Herrera. Su muerte no ha sido esclarecida y se encuentra envuelta en acusaciones de santería, homosexualidad y conflictos políticos entre Nicolás Maduro y el expresidente colombiano Álvaro Uribe. El 15 de abril de 2013, el escolta de Serra, Alexis Barreto, un funcionario del CICPC fue encontrado ajusticiado de un tiro en la nuca en el Parque Nacional El Ávila.

En enero de 2015, Maduro emprende gira por Rusia, China, Irán, Arabia Saudita, Catar, Argelia y Portugal, buscando financiamiento para su régimen debido a la caída de los precios del petróleo.

El 21 de enero anuncia medidas económicas como la unificación cambiaria, el aumento del sueldo mínimo y abrió un debate para el incremento de la gasolina.

El 27 de enero de 2015 transciende a los medios de comunicación que el Capitán de Corbeta de la Armada, Leamsy Salazar, asignado a la Guardia de Honor Presidencial, famoso por alzar la bandera de Venezuela en señal de lealtad a Hugo Chávez, en abril de 2002, durante el golpe de Estado que lo depuso del poder por 47 horas, huyó a Estados Unidos, con colaboración de la Administración para el Control de Drogas (DEA), LLÍ entregó información sobre el jefe del Cartel de los Soles (un organización criminal conformada por miembros del gobierno venezolano y militares), el presidente de la Asamblea Nacional, Diosdado Cabello donde también estarían implicados Tareck El Aissami y el hermano de Diosdado Cabello, José David Cabello. Salazar fue su guardaespaldas hasta diciembre de 2014. Reveló que la muerte de Hugo Chávez se produjo el 30 de diciembre de 2012, a las 19:32 horas, en La Habana, Cuba.

El 29 de enero de 2015, el Ministerio de Defensa publica en Gaceta Oficial la Resolución N° 008610, que autoriza la intervención de la Fuerza Armada en manifestaciones públicas con el uso de la "fuerza potencialmente mortal".

El 12 de febrero, Maduro denuncia un plan para asesinarlo y dar un golpe de Estado. El 19 de febrero ordena la detención del Alcalde Metropolitano de Caracas y líder opositor, Antonio Ledezma.

El 27 de febrero de 2015, el simpatizante del chavismo y trabajador de la gobernación chavista del estado Mérida, Alcedo Mora, es desaparecido forzosamente por presuntos funcionarios del SEBIN, luego de denunciar un esquema de corrupción para el contrabando de combustible hacia Colombia donde estaban inmersos funcionarios de la gobernación de Mérida y trabajadores de PDVSA.

El 9 de marzo, el entonces presidente de Estados Unidos, Barack Obama firma una orden ejecutiva que declara al gobierno de Venezuela como una amenaza inusual y extraordinaria a la seguridad de su país e impone sanciones financieras a 7 funcionarios venezolanos: Antonio José Benavides Torres, Gustavo Enrique González López, José Noguera Pietri, Katherine Nayarith Haringhton Padrón, Manuel Eduardo Pérez Urdaneta, Manuel Gregorio Bernal Martínez y Miguel Alcides Vivas Landino.

El hecho es aprovechado por Maduro para exacerbar el nacionalismo entre sus seguidores, logrando movilizarlos, incluso los llama a unirse a la Milicia Bolivariana para "defender la revolución". El 15 de marzo de 2015, la Asamblea Nacional le aprueba una ley habilitante antiimperialista para legislar hasta el 31 de diciembre de ese año.

El 15 de abril, Maduro ordena que solo la banca pública pueda entregar dólares a viajeros.

El 22 de junio el CNE anuncia elecciones a la Asamblea Nacional para el 6 de diciembre de 2015.

El 19 de agosto de 2015, Maduro ordena el cierra de la frontera colombo-venezolana en Cúcuta y Ureña, tras un ataque de paramilitares a la Guardia Nacional. El 21 de agosto ordena el cierra de todo el límite fronterizo, alegando el contrabando de gasolina, alimentos y medicinas hacia Colombia.

Asimismo, el 23 de agosto de 2015, Maduro ordena el desalojo de los inmigrantes colombianos que están en la ciudad de San Antonio del Táchira y la demolición de sus viviendas precarias. Produciendo una violación de los derechos humanos y el éxodo de colombianos hacia su país a través del río Torbes que divide ambos países.

El 10 de septiembre, el líder opositor Leopoldo López es condenado a 13 años, 9 meses, 7 días y 12 horas de prisión.

El 14 de octubre de 2015, la sala Plena del Tribunal Supremo de Justicia aprueba la jubilación anticipada de 13 magistrados del TSJ, que debían retirarse en diciembre de 2016. Esto fue una jugada adelantada para seguir controlando el TSJ, debido a las posibilidades que la oposición arrasara en las elecciones parlamentarias de diciembre de 2015.

El 11 de noviembre, dos sobrinos de la Primera Dama, Cilia Flores, uno hijo de crianza de la misma, son detenidos en Puerto Principe, Haití acusados de traficar 800 kilogramos de cocaína. El hecho es silenciado por los medios de comunicación por orden de Maduro.

El 25 de noviembre, durante un acto de campaña a las elecciones parlamentarias en Altagracia de Orituco, estado Guárico, es asesinado a tiros el Secretario Regional de Acción Democrática en la ciudad, Luis Manuel Díaz. La víctima se encontraba en tarima, justo a un costado de Lilian Tintori, esposa del líder opositor Leopoldo López.

El 6 de diciembre, se realizan las elecciones a la Asamblea Nacional de Venezuela. A las 6 pm, la presidente del Consejo Nacional Electoral anuncia que se extiende el proceso electoral hasta las 7 pm en violación del Artículo 308 del Reglamento Electoral y el Artículo 121 de la Ley Orgánica de Procesos Electorales.

Es solo el 8 de diciembre cuando el CNE anuncia que la oposición ha obtenido 112 diputados, obteniendo la mayoría calificada dentro del parlamento.

El 9 de diciembre, grupos terroristas del chavismo llamados "colectivos" atacan una rueda de prensa de los exministros, Jorge Giordani y Héctor Navarro, donde le echan la culpa a Maduro del fracaso electoral.

El 22 de diciembre, el PSUV introduce un recurso de amparo contra las elecciones en Amazonas, Yaracuy y Aragua.

El 23 de diciembre de 2015, la Asamblea Nacional presidida por Diosdado Cabello, designa 13 magistrados principales y 21 suplentes, afectos al partido de gobierno PSUV y violando la constitución y la Ley Orgánica del Tribunal Supremo de Justicia

El 28 de diciembre de 2015, el TSJ suspende sorpresivamente sus vacaciones colectivas para atender el llamado del PSUV y suspende la juramentación de los diputados del estado Amazonas.

El 30 de diciembre de 2015, Maduro eleva de 34% a 40% el impuesto sobre la renta.

El 5 de enero de 2016, la nueva Asamblea Nacional se instala para el período 2016-2021, la MUD elige a Henry Ramos Allup, como presidente del parlamento. Y juramenta a los diputados de Amazonas suspendidos por TSJ.

El 6 de enero de 2016, Diosdado Cabello anuncia que le recortarán los recursos a la Asamblea Nacional y que sus decisiones no saldrán en la Gaceta Oficial como ordena la Ley. Ese día la Asamblea Nacional designa una comisión para investigar irregularidades en la designación de los 13 magistrados del TSJ.

El 11 de enero de 2016, el TSJ emite una sentencia declarando a la Asamblea Nacional en "desacato", algo que es improcedente porque un órgano del poder público no puede ordenar a otro.

El 12 de enero, el PSUV amenaza con darle las facultades legislativas a la AN para dársela al TSJ. Ese día los tres diputados de Amazonas piden desincorporarse de la AN para evitar el conflicto de poderes y defender su elección.

El 15 de enero de 2016, Maduro emite un decreto de Emergencia Económica Nacional.
El 22 de enero, la AN rechaza el decreto de emergencia económica y el diputado José Guerra, afirma que este asentará

la crisis económica. Ese día el barril de petróleo venezolano desciende a 21 dólares.

El 17 de febrero Maduro anuncia un paquetazo económico, conocido como el *Paquetazo Rojo*, donde aumenta la gasolina de 91 octanos a un bolívar fuerte y la de 95 a 6 bolívares. Aumenta el salario mínimo a 11.578 Bs y el CestaTicket a 13.275 Bs, por lo que es más el dinero para comida que el salario en sí, el aumento de sueldo será progresivo y generará una ola inflacionaria en el país. Devalúa el bolívar fuerte frente al dólar, de 6,13 a 10 bolívares por dólar.

El 26 de febrero, el Banco Central de Venezuela anuncia la caída de las Reservas Internacionales llegando estas a 13.501 millones de dólares. Tras la cancelación de la deuda externa en Bonos Global 2016 por 1.543 millones de dólares.

El 30 de abril anuncia un nuevo aumento de sueldo mínimo.

El primero de mayo, Maduro le cambia el huso horario a Venezuela.

El 2 de mayo de 2016, la oposición le entrega al CNE las firmas necesarias para activar un referendo revocatorio a Maduro y ponerle fin a la crisis política, luego de llegar a la mitad de su mandato.

El 13 de mayo de 2016, Maduro extiende el decreto de emergencia económica por 60 días más.

El 5 de septiembre el TSJ declara nulos todos los actos y leyes de la Asamblea Nacional.

El 20 de octubre el CNE anuncia que se suspende la recolección de firmas del 20% del electorado para convocar a una salida electoral a la crisis política.

El 11 de diciembre de 2016, Nicolás Maduro anuncia la salida de circulación del billete de 100 bolívares, cuestión que no será inmediata y se prolongará durante varios meses.

El 13 de diciembre, el Tribunal Supremo de Justicia usurpando funciones del poder legislativo, nombra y juramenta a Socorro Hernández, ex miembro del PSUV, como rectora principal y a Tania D´Amelio, exdiputada del PSUV.

El 17 de diciembre de 2016, se presentan saqueos en Ciudad Bolívar por la eliminación del billete de 100 bolívares, (el de mayor uso) y la caída de internet, por lo que las transacciones electrónicas y de puntos de venta se hacen imposibles, llevando al caos en la población. El gobierno declara un toque de queda.

El 4 de enero de 2017, Nicolás Maduro nombra al político sirio-venezolano Tareck El Aissami como vicepresidente de la Nación, más adelante el gobierno de EEUU lo acusará de ser un capo del narcotráfico.

El 8 de enero, Maduro aumenta el salario mínimo en 50% lo que acelera la inflación en el país.

El 10 de enero de 2017, devuelven a prisión al ex ministro de la defensa, general Raúl Isaías Baduel, encarcelan al diputado de la MUD Gilber Caro e inhabilitan políticamente a Henrique Capriles Radonski.

El 15 de enero de 2017, Maduro presenta su informe anual de memoria y cuenta ante el TSJ y anuncia que las personas naturales que ganen más de 6000 unidades tributarias deben pagar el impuesto sobre la renta.

El 19 de enero, el TSJ anuncia que las personas con doble nacionalidad pueden ejercer la presidencia de la república, si renuncian a la segunda. En alusión al caso de El Aissami y la posible doble nacionalidad de Maduro.

El 6 de febrero, el canal CNN en Español publica un reportaje donde se evidencia la venta de nacionalidad y pasaportes venezolanos a presuntos terroristas árabes en la embajada del país en Irak.

El 15 de febrero, Maduro ordena se saque del aire a CNN en Español.

El 24 de febrero el expresidiario Maikel Moreno, señalado de dirigir una banda judicial que controla la justicia en el país es nombrado presidente del Tribunal Supremo de Justicia. Ese día Venezuela incumple por primera vez su pago anual en la ONU.

El 12 de marzo, Maduro ordena se expropien panaderías que no vendan pan regulado.

El 22 de marzo se incendia el Complejo Refinador de Amuay, de nuevo, lo que genera escasez de gasolina y largas colas en el país.

El 28 de marzo, mediante sentencia 155, el TSJ limita la inmunidad parlamentaria de los diputados a la Asamblea Nacional de Venezuela.

El 29 de marzo, el TSJ, mediante sentencia 156, asume temporalmente las atribuciones constitucionales de la Asamblea Nacional de Venezuela por considerar que dicho poder se encuentra en "desacato".

El 30 de marzo, el TSJ asume todas las atribuciones del poder legislativo y las transfiere al poder ejecutivo, lo que constituye un autogolpe de Estado.

Varios países del mundo y la Organización de Estados Americanos, denuncian el autogolpe de Estado en Venezuela.

El 31 de marzo, la Fiscal General de la Republica, Luisa Ortega Díaz afirma que las sentencias 155 y 156 representan una ruptura del orden constitucional.

A partir de entonces comienza una ola de protestas en el país por la ruptura del orden constitucional.

El 20 de abril de 2017, la ONU declara su preocupación por la situación en Venezuela.

El 26 de abril, las manifestaciones y marchas son fuertemente reprimidas por la Guardia Nacional y la Policia Nacional Bolivariana, quienes asesinan al joven estudiante y basquetbolista Juan Pernalete en Altamira, Caracas.

El 2 de mayo de 2017, Nicolás Maduro convoca a una Asamblea Nacional Constituyente, violando la constitución pues según la carta magna es el pueblo quien puede llamar a una ANC a través de un Referéndum Consultivo.

El 15 de mayo la oposición realiza un gran plantón en todo el país contra la dictadura de Nicolás Maduro.

El 16 de mayo, Maduro decreta el Estado de Excepción por 60 días.

El 17 de mayo el ministro de la Defensa, General en Jefe Vladimir Padrino López, activa la segunda fase del Plan Zamora y envía 2000 guardias nacionales y 600 efectivos de las fuerzas especiales al Estado Táchira para reprimir las manifestaciones.

El 18 de mayo, el Departamento del Tesoro de Estados Unidos impone sanciones a ocho magistrados del Tribunal Supremo de Justicia de Venezuela, entre ellos al presidente del mismo, Maikel Moreno.

Ese día, mientras intentaba salir del país le es retenido el pasaporte a Henrique Capriles Radonski y el mismo es anulado. Al mismo tiempo se produce un saqueo en Los Teques.

El 23 de mayo de 2017, violando la constitución el CNE anuncia que a finales de julio, se realizarán elecciones para elegir a los diputados a la Asamblea Nacional Constituyente.

El 7 de junio, muere el joven Neomar Lander, víctima de una bomba lacrimógena lanzada hacia su pecho por la Policía Nacional Bolivariana. El Canal del Estado Venezolana de Televisión, publicó un video donde un hombre se hacía pasar por el padre de Neomar, diciendo que le habían pagado para manifestar, luego de eso sus padres desmintieron a los periodistas de VTV.

El 8 de junio, la Fiscal General de la República introduce en la Sala Electoral del TSJ un recurso de nulidad a las decisiones del CNE sobre las elecciones de la ANC.

El 12 de junio, el TSJ declaró inadmisible el recurso de nulidad introducido por la Fiscal General.

El 22 de junio de 2017, el joven David Vallenilla es asesinado con una escopeta por un sargento de la Aviación Militar en las afueras de la Base Aérea La Carlota. El padre del joven resulta ser el antiguo jefe de Nicolás Maduro en el Metro de Caracas.

El 27 de junio de 2017, un grupo de policías rebeldes liderados por el inspector del CICPC, Oscar Pérez, atacan desde un helicóptero la sede del Tribunal Supremo de Justicia.

El 30 de junio, la Guardia Nacional viola los derechos humanos en Barquisimeto y entra con tanquetas a varias urbanizaciones de la ciudad.

El 5 de julio, en la sesión por el día de la independencia de Venezuela, colectivos chavistas atacan la sede de la Asamblea Nacional hiriendo a los diputados.

El 8 de julio de 2017, el TSJ le otorga casa por cárcel a Leopoldo López.

El 16 de julio de 2017, se realiza en Venezuela una consulta popular donde 7.535.529 personas rechazan la ANC.

El 28 de junio, el TSJ ordena la detención del Alcalde de Barquisimeto, Alfredo Ramos.

El 30 de julio, se realizan elecciones fraudulentas para elegir diputados a la Asamblea Nacional Constituyente, los resultados oficiales no concuerdan con la afluencia de personas a los centros electorales. Es día 15 personas son asesinadas por las fuerzas de seguridad y paramilitares chavistas.

El 31 de julio, el Departamento del Tesoro de Estados Unidos sanciona a Nicolás Maduro por instaurar un régimen totalitario en Venezuela.

El 1 de agosto, Antonio Ledezma y Leopoldo López son devueltos a prisión en la madrugada.

El 4 de agosto se instala la Asamblea Nacional Constituyente y elige a Delcy Rodríguez como su presidente.

El 5 de agosto de 2017, la ANC destituye a la Fiscal Luisa Ortega Díaz y nombra al exgobernador del PSUV y Defensor del Pueblo, Tarek William Saab como su sustituto. El chavismo se quita definitivamente su máscara legal y comienza una autocracia, donde las decisiones son controladas por Nicolás Maduro a través de sus colaboradores en todos los órganos del Poder Público Nacional.

Esto llevará al mundo, a volverse contra el régimen de Nicolás Maduro Moros y a catalogarlo definitivamente como una dictadura. Debido a lo reciente y en desarrollo de los acontecimientos, la descripción de los sucesos durante la dictadura de Nicolás Maduro se limitará hasta esta fecha.

Conclusiones del período chavista

Empezaré citando una frase de Francisco de Miranda: "Entre las diversas maneras de matar la libertad, no hay ninguna más homicida para la república que la impunidad del crimen o la proscripción de la virtud". En Venezuela, uno de los errores más grandes de quienes dirigieron el país, fue permitir la impunidad del crimen, como lo fueron los intentos de golpe de Estado de 1992 y los procesos de corrupción en el período RECADI, que se volvió una práctica constante durante el chavismo.

La inobservancia de las leyes, llevó a Caldera al sobreseimiento de las causas penales que se le seguía a Chávez y a los otros militares golpistas. Prevalecieron los acuerdos políticos para mantener la estabilidad política y el poder antes que cumplir con las leyes. Esto fue alentado por algunos de los fundadores de la democracia, que le sirvieron de mal ejemplo a las generaciones venideras y desvirtuaron el ejercicio del poder.

La desconexión de las instituciones democráticas con la sociedad que los llevó allí, impidió que las transformaciones del Estado se dieran de la manera en que se venían señalando desde los años 1980, para alejar a Venezuela del estatismo, establecer un sistema judicial imparcial, fortalecer el ejercicio de la democracia liberal. No hacerlo fue un error fundamental, de mayor magnitud fue el de no haber preparado a la población para el establecimiento de un nuevo liderazgo, formándolos en valores democráticos que hubiesen impedido que la constitución de 1999 le diera tanto poder al presidente.

La segunda inobservancia de la constitución y las leyes se produce cuando Chávez, viola la constitución de nuevo, al establecer un mecanismo como la Asamblea Nacional Constituyente que no lo contemplaba la constitución de 1961.
La instauración de la oclocracia se produce cuando la muchedumbre hace valer su voluntad a través de mecanismos ilegales. Esta masa dice representar la voluntad absoluta del pueblo pero es una voluntad viciada. En la oclocracia, la voluntad se impone por vicios legales y a través de la violencia.

La incapacidad de la instituciones democráticas para defender el Estado de Derecho, fue mayor, incluso para defenderse del asalto que se produjo durante el proceso constituyente.

El chavismo implementó aspectos demagógicos en su discurso, usando prejuicios como la lucha de clases sociales, las emociones, miedos y esperanzas, fueron manejadas a través de la promesa de un país mejor. Exaltando sentimientos de orgullo como las acciones heroicas de los libertadores, utilizando un discurso retorico. De la lucha antiimperialista, antes contra el imperio español y ahora contra el estadounidense.

En 1999, Chávez insultaba a los magistrados de la Corte Suprema de Justicia y a los miembros del Congreso y cuando se le señalaba de haberlos irrespetado, él decía que se le había mal interpretado y usaba la desinformación, debido a que mucha gente del electorado común no estaba clara de lo que dijo. Él usaba la agnotología, que es la inducción de la duda o la ignorancia para distorsionar la realidad, también solía desacreditar a la fuente de la información o negaba los hechos, esto en ejercicio de su demagogia política. Se volvió común que usaran el término "medios de comunicación de oposición" a aquellos que no seguían la línea informativa en la que el chavismo quedaba como el bienhechor o el bondadoso gobierno, atacado por dichos medios.

Chávez se mostrará cada vez más intolerante con los medios de comunicación y sus seguidores hicieron lo mismo, aumentando los ataques, psicológicos y físicos.

El chavismo logrará controlar todo el sistema judicial, la fiscalía y la contraloría general para arremeter contra cualquier agente opositor. La invención de cargos judiciales y la siembra de pruebas será un método para deshacerse de opositores incomodos, así como las inhabilitaciones políticas por parte de la Contraloría General.

Logrará tener jueces a través de artimañas en todo el sistema judicial. Amedrentará y neutralizará a los jueces independientes, como el caso de la jueza Afiuni. El chavismo terminará de corromper todo el sistema judicial, político y social, a través de la compra de personajes y funcionarios.

La sociedad venezolana marchará hacia el clientelismo político, en todos los ámbitos, la revolución compra votos. El clientelismo es un intercambio de favores. Estos se dan en los altos niveles: fiscales, jueces, magistrados. Como el del magistrado Eladio Aponte Aponte quien confesó que condenó al comisario Simón Simonovis por orden y presiones de Hugo Chávez Frías.

A los niveles medios, se sobornaba empleados públicos, para que se ocultaran pruebas, información y "callar conciencias". Así como el soborno de funcionarios bajos, que ya venía dándose desde muchas décadas atrás, pero se generalizó durante el chavismo y se mezcló con la ideologización comunista.

El Estado se llenó de mafias chavistas, que lo convirtieron en una cleptocracia, que es un sistema de poder basado en la corrupción institucionalizada, el nepotismo, el clientelismo político y el peculado.

En la última etapa del chavismo: el chavismo sin Chávez, se ejecutó el plan de control social diseñado por Cuba, quienes adaptaron el sistema comunista soviético a la realidad de Latinoamérica. La escasez de alimentos y de insumos de todo tipo: médicos, agrícolas, industriales que fue la consecuencia de la estatización del comunismo impuesto a la fuerza por Chávez. Venezuela fue sometida a un proceso de control social para mantener el apoyo político. Nacieron los Clap (Comités de Local de Abastecimiento y Producción) cajas de comida subsidiada con la que la dictadura mantuvo bajo control a la población.
La discriminación por motivos políticos hizo que no todos tuvieran acceso a estas cajas y a los alimentos subsidiados o bajo control de precio, por lo que surgieron, los denominados "bachaqueros", que derivan del bachaco, un insecto más grande que la hormiga capaz de dejar a una planta sin hojas, cuando su colonia se lleva parte por parte las mismas de las ramas. Asimismo, estas personas se llevaban los alimentos y los

revendían en el mercado negro, que surgió por la prohibición del libre comercio en Venezuela.

Los continuos errores económicos del chavismo en su camino hacia el comunismo, la falta de producción, el abandono de los servicios públicos por parte del Estado, la corrupción generalizada y la represión llevaron a Venezuela a una crisis no solo económica, social, política, humanitaria sino moral. El chavismo corrompió y destruyó todo el tejido social. Chávez fue el gran destructor, el que unió todas esas fuerzas que terminaron aniquilando la República.

Descomposición ciudadana

El chavismo exacerbó la descomposición ciudadana que empezó en los años 1980, a través de los incentivos sociales que crearon una clase parasitaria, que dependerá del Estado para subsistir.

Se puede decir que hay tres dimensiones de los problemas actuales de Venezuela: la primera es individual: del ciudadano con las leyes y el buen desenvolvimiento en la sociedad, del ser humano con sus necesidades básicas y aspiraciones en la vida, del venezolano con sus metas dentro del desarrollo nacional. La segunda es familiar: la descomposición social en Venezuela surgió dentro de la familia, de muchas maneras pero la clave es la educación, aquella que forma al ciudadano en buenas costumbres, metas, aspiraciones, trabajo, formas de emprender y surgir a través del trabajo. En las familias venezolanas era común que se les dijera a los hijos que debían estudiar ingeniería petrolera o ser militares, sobre todo en los años 1970 en adelante. También que se trabajara en los ministerios pero fue muy poco frecuente el estímulo al emprendimiento en las familias y cuando los hubo, se trató de casos exitosos de empresas que surgieron desde ellas. Pero lo negativo también surgió en estas, sobre todo aquellas que se acercaron a la corrupción, se unieron al chavismo y conformaron lo que se llama la *Boliburguesía*. La tercera es social: un ciudadano corrompido, dentro de un familia corrompida le va restando nivel a una sociedad que no ha terminado de desarrollarse.

Dentro de ese aspecto de descomposición, se incluye lo que se llama "Viveza criolla", por la que muchos venezolanos creyeron y aún creen que hay ciertas artimañas para burlar las leyes, ponerlas a su favor y obtener un beneficio casi siempre económico. Los venezolanos llegaron a clasificarse a sí mismos entre "vivos" y "pendejos". En un país dependiente del petróleo, con el síndrome holandés en su economía, con regulaciones a la producción, a los precios y al mercado, es mucho mejor ser revendedor que productor. Es ese concepto de sociedad formado por un Estado Neo-Comunista, quien controla la economía, que hace creer que la mejor manera de surgir es dedicarse al comercio y a revender. La ignorancia es tan grande que con todas las riquezas de Venezuela, se estaría sobre una mina de oro y pensar que solo a través del comercio o la corrupción se puede surgir.

Los líderes de la sociedad, aquellos que incluso fueron presidentes, artistas y grandes empresarios. No pudieron preparar a la sociedad venezolana para el desarrollo económico ni nacional ni familiar ni individual. La ignorancia en los asuntos económicos y la falta de objetivos nacionales que desarrollarán al país y lo alejaran del paternalismo, fue lo que llevó al capitalismo del Estado y la posterior instauración de una dictadura comunista.

La transformación profunda de Venezuela, nace en el individuo que forma la familia, las familias que forman una sociedad y la sociedad que parirá los líderes que la conducirán hacia su desarrollo definitivo, siendo la clave siempre la misma: Educación.

Capítulo II
El Nuevo Rumbo de la Nación Venezolana

Venezuela es un país que necesita ser refundado pero no en el papel o en un decreto presidencial, sino en el interior de sus habitantes. Al decir que Venezuela necesita un nuevo rumbo, debemos entender que al mismo tiempo tampoco lo tuvo claramente. Hemos sido un país sin rumbo, un pueblo mesiánico que busca constantemente, un líder endiosado, un nuevo libertador, un Simón Bolívar que les diga hacia dónde ir, que los libere, que ponga orden: un pueblo que anhela a su padre: El Libertador. Por eso hemos caído en grandes dictaduras, no entendemos que el ejercicio del poder en la democracia es una tarea de toda la sociedad. Venezuela necesita saber cómo se hace una República: cómo se dividen los poderes públicos, cómo se separan esos poderes para que respondan a los intereses de la nación y no de un grupo político o económico, cómo se discuten las leyes, cómo se controla el poder del presidente. Dijo Simón Rodríguez: "*Nadie hace bien lo que no sabe; por consiguiente nunca se hará República con gente ignorante, sea cual fuere el plan que se adopte*".

La condición sine qua non para el desarrollo holístico de Venezuela es la educación de sus ciudadanos, sin esta vagaremos cuarenta años en nuestro propio desierto. Venezuela nació para ser grande, es nuestro deber hacerlo realidad finalmente.

Aspecto constitucional

Las bases constitucionales de la nueva Venezuela, deben estar fundamentadas sobre bases sólidas y definitivas, es decir, Venezuela debe definir una constitución que represente la voluntad general de la nación, que libere a la economía del fuero del control estatal, que promueva el libre desarrollo económico del país para la apertura venezolana a la economía de mercado mundial. Sobre estas bases constitucionales, debe reposar el pensamiento y accionar político, por lo que, los gobiernos que el pueblo se dé en democracia, deben perseguir los intereses de la nación y no los de una ideología política reaccionaria.

Venezuela ha tenido 26 constituciones a lo largo de su historia. En regresión, el intento de constitución comunista de Nicolás Maduro; la constitución hecha a la medida de Hugo Chávez en 1999; la constitución de la izquierda democrática de 1961; la constitución de Pérez Jiménez de 1953 y así pudiésemos seguir hasta llegar a 1811. La causa del cambio de tantas constituciones no es que están mal hechas, es nuestra inexperiencia e inmadurez política.

La nueva constitución tiene que limitar el poder del presidente, aumentando los mecanismos de contraloría hacia este. Se debe retirar la facultad de legislar mediante Ley habilitante, pues en la práctica representa el reconocimiento tácito del fracaso del Poder Legislativo para representar los intereses del pueblo y hacer leyes justas en el tiempo más expedito.

Se debe retirar la facultad del Presidente de la República para ascender militares desde el grado de Coronel o Capitán de Navío, pues esto hace que sea la lealtad y no el profesionalismo y meritocracia lo que determine los ascensos. Asimismo, los militares en servicio activo no podrán ocupar cargos dentro de la administración pública, solo permitido rangos medios y bajos dentro del Ministerio de la defensa pero el Ministro de la Defensa, pudiendo ser militar, deberá pasar a la Reserva Activa, y por consiguiente, no podrá usar el uniforme militar.

Se debe restituir el senado de la República que funcionó desde 1811 hasta 1999.

La nueva constitución deberá reducir el mandato presidencial a cinco años, establecer la reelección por un solo período más. Para la elección del presidente se deberá contar con el voto favorable del cincuenta por ciento más uno de los electores, pudiendo así darse una segunda vuelta electoral, con el fin de evitar situaciones como la que ocurrió con Caldera en 1994.

Se debe establecer la aprobación del Poder Legislativo para la designación del vicepresidente de la República. Establecer, que en caso que se deba disolver el parlamento, por mandato constitucional se deba llamar a elecciones generales en un lapso no mayor de treinta días.

El poder legislativo puede ser organizado a través de un Congreso bicameral, para restituir el senado.

El poder legislativo tendrá las funciones de legislar, ejercer control sobre las otras ramas del Poder Público Nacional, así como designar a los miembros de los demás poderes públicos, de enmendar, reformar y elaborar una nueva constitución, podrá decretar amnistías excepto para aquellos delitos tipificados de lesa humanidad.

El senado de la República lo integraran venezolanos por nacimiento, mayores de treinta años, de estado civil seglar, con estudios académicos de tercer nivel. El Senado será conformado por tres senadores de cada estado y tres por el Distrito Capital, los Senadores adicionales que resulten de la aplicación del principio de la representación de las minorías según establezca la ley, la cual determinará también el número. Los suplentes serán elegidos mediante el voto universal, secreto y directo en fórmula conjunta con los principales.

Corresponde al Senado aprobar la designación del Vicepresidente de la República, del Procurador General de la República y de los jefes de las misiones diplomáticas en el exterior, ascender a los oficiales de la Fuerza Armada Nacional desde el grado de Coronel o Capitán de Navío, interpelar a los miembros del Gabinete Ejecutivo, autorizar al Presidente de la República para salir del territorio nacional.

La razón principal del Senado es ser el contrapeso del Poder Ejecutivo, por eso, sus miembros deben poseer altas aptitudes y valores republicanos consolidados.

La cámara de diputados, la integran venezolanos por nacimiento, mayores de veinticinco años, de estado civil seglar. Serán elegidos cinco diputados por cada estado del país, del mismo modo un suplemente por cada diputado, ambos elegidos mediante formula.

Son atribuciones de la cámara de diputados: Iniciar la discusión de proyectos de ley, así como de enmiendas, reformas y proyectos para una nueva constitución. Organizar y promover la participación ciudadana en los asuntos legislativos, discutir y aprobar en primera instancia el presupuesto nacional y los créditos adicionales.

El rol de la cámara de diputados es llevar el debate legislativo al seno de la sociedad y formar los liderazgos necesarios para el ejercicio de la democracia en Venezuela.

El proceso de transformación profunda de la Nación venezolana pasa por la creación de un nuevo sistema judicial, que atienda a los intereses generales de la Nación. Se toma como ejemplo la construcción de un nuevo modelo económico que fomente el desarrollo de la mayoría de los sectores de la economía y del potencial de los recursos que pueden generar riquezas en el país, se debe poseer un sistema judicial imparcial que respete la propiedad privada y sirva de árbitro realmente imparcial cuando se presenten conflictos de propiedad o interés.

La Corte Suprema de Justicia es el máximo órgano judicial del país. Sus miembros serán denominados magistrados, deben ser venezolanos por nacimiento, mayores de treinta años, no haber pertenecido a ningún partido político durante al menos quince años anteriores a su postulación, ser jurista de reconocida competencia, gozar de buena reputación, haber ejercido la abogacía durante un mínimo de quince años y tener título universitario de postgrado en materia jurídica; o haber sido docente universitario en ciencia jurídica durante un mínimo de quince años y tener la categoría de docente titular; ser o haber sido juez o jueza superior en la especialidad correspondiente a la Sala para la cual se postula, con un mínimo de quince años en el ejercicio de la carrera judicial entre otros requisitos que determine la ley.

La Corte Suprema de Justicia estará integrada por la Sala Plena y en las Salas Constitucional, Político Administrativa, Electoral, de Casación Civil, de Casación Penal y de Casación Social, cuyas integraciones y competencias serán determinadas por su ley orgánica

La reforma del Poder Judicial en Venezuela debe darse a través de una investigación profunda donde participen todos los órganos de la vida pública nacional guiados por un proceso de debate, que se produzca dentro de las principales universidades del país. Así como una evaluación del proceso de postulación y adjudicación de cargos dentro del sistema judicial. Se debe modificar el proceso dentro del cual se nombran jueces accidentales, provisorios y temporales, por los cuales el chavismo pudo controlar el poder judicial en poco tiempo luego del proceso de cambio de constitución de 1999.

El poder electoral estará constituido por el Consejo Nacional Electoral, estará organizado según lo defina una comisión de expertos electorales creada para tal fin. El Consejo Nacional Electoral deberá organizar los procesos electorales del Poder Público. Para ser miembro del Consejo Nacional Electoral es requisito ser venezolano, mayor de treinta años, poseer estudios universitarios de cuarto nivel, no haber militado durante al menos 15 años en ningún partido político.

Si el Consejo Nacional Electoral, interrumpiese una solicitud de referéndum consultivo o revocatorio de un cargo de elección popular, hecha por el 20% del electorado durante tres ocasiones consecutivas, su junta directiva quedará inmediatamente disuelta y el Congreso de la República deberá elegir de nuevo a sus rectores principales y suplentes.

El Fiscal General de la República, deberá cumplir con los mismos requisitos para ser magistrado de la Corte Suprema de Justicia y deberá poseer estudios de postgrado en Derecho penal. Será elegido por el Congreso para un período único de cinco años.

El Contralor General de la República deberá ser un experto en materia de investigación administrativa, las investigaciones que realice no deberán estar parcializadas tal como ocurrió en el período chavista, donde la contraloría fue usada para neutralizar a opositores.

De la Fuerza Armada Nacional, es un órgano profesional, disciplinado, no deliberante, apolítico, subordinado a la autoridad civil establecida por la constitución, estará integrada por el Ejército, la Armada, la Aviación y la Guardia Nacional. Los miembros de la Fuerza Armada son apolíticos por lo tanto, carecen de interés en los asuntos políticos y no tendrán derecho al voto. La Fuerza Armada no podrá constituir empresas, así como tampoco podrán sus miembros activos constituir empresas ni sociedades de ningún tipo. La Guardia Nacional solo actuará en operaciones de orden interno en caso de conmoción o emergencia nacional.

El Servicio de Inteligencia Nacional, será una institución que recabará información sobre la seguridad nacional de Venezuela, sobre las amenazas de agentes externos contra el país.

El Servicio de Información Judicial, es una institución encargada de investigar todo lo referente a la seguridad del Estado y la estabilidad del orden interno, se encargará además de investigar los delitos, conexiones y escondites de los miembros del chavismo y sus colaboradores que estén huyendo de la justicia venezolana.
La Corte Suprema de Justicia nombrará un tribunal especial que juzgará los delitos cometidos durante el periodo chavista.

La Policía Nacional es un órgano de seguridad encargado de mantener el orden interno y garantizar la seguridad ciudadana.

La policía de Investigación Judicial es un órgano de seguridad encargado de investigar los delitos cometidos en territorio nacional, colaborar con información científica verificada a las autoridades del Poder Judicial.

Del sistema democrático

Venezuela poseerá un sistema de poder basado en la democracia liberal, donde la soberanía nacional es ejercida a través de la representación del pueblo mediante elecciones libres, el accionar de los líderes surgidos por la democracia será regulada por el Estado de Derecho establecido por una nueva constitución.

La participación de la ciudadanía será a través de amplios sectores de la sociedad tanto económicos, políticos y sociales, buscando superar la democracia de partidos o partidocracia, usando para ello el análisis y discusión sobre los temas transcendentales del desarrollo nacional, como la economía, la descentralización, el sistema electoral y demás temas. Para ello, la sociedad se podrá organizar a través de medios de participación como universidades, gremios empresariales y gremios de trabajadores, organizaciones no gubernamentales y centros de observación de la sociedad, entre otros.

El Congreso de la República es el centro del debate político del país. Los diputados son los llamados a reunir a los venezolanos en cabildos abiertos para discutir los principales temas nacionales, estos podrán reunirse en sus respectivos estados en los pueblos más pequeños, inclusive, para llevar las propuestas de la sociedad al debate legislativo.

Las leyes nacen desde el interior de la población como una norma consensuada para regirse a sí misma, según la definición de Rousseau, por lo tanto las leyes en Venezuela deben nacer de un profundo debate donde todos los sectores sociales puedan participar.

Las elecciones son una de las formas de participación del sistema democrático venezolano, las elecciones para cargos públicos, ya sea desde el presidente hasta el alcalde, son una expresión de la representación del pueblo en un puesto de mando del Poder Público. Las consultas que se realizan al pueblo mediante el referéndum consultivo o revocatorio, son expresiones directas de la voluntad del mismo en un momento histórico determinado, por lo que su transcendencia podría marcar a otras generaciones. Es por eso, que la responsabilidad política de toda la ciudadanía debe estar basada en una conciencia republicana sólida. La base de esa conciencia, será una nueva forma de educar a la ciudadanía.

La transparencia de todos los procesos electorales es primordial para este sistema democrático. El sistema electoral deberá ser auditado en un 100%, si al menos el 10% del electorado lo solicitase o si existieran evidencias fehacientes de irregularidades en el proceso electoral.

De la formación ciudadana

Dicen que los pueblos tienen los gobiernos que se merecen, y en cierta forma, eso es cierto. El líder surge de la masa, por lo general es quien más sobresalta entre los demás. Cuando la masa es mediocre, el líder es mediocre con un toque de astucia. Todas las tiranías han esparcido la ignorancia y la mediocridad con el objetivo único de dominar. Fue Simón Bolívar quien dijo que "por la ignorancia nos han dominado más que por la fuerza".

En 1999 y antes, en el seno de la sociedad venezolana habitaban silenciosamente sentimientos que dieron pie a la instauración de una ideología de odio, la envidia, el rencor, el buscar un culpable para nuestras desgracias, la revancha, el pensar que todo lo que se estaba haciendo era malo y debía ser desechado completamente. El querer encontrar a un caudillo que nos arreglará la vida, sin ser conscientes del cambio profundo que se debe dar en el interior de cada ciudadano. Dejar nuestro destino en las manos de alguien más, fue el error más grave. Fue la ignorancia y la arrogancia, lo que generó las grandes brechas sociales en Venezuela, esa brecha fue llenada con una retórica de lucha social. La ignorancia genera pobreza y la arrogancia genera odio, estos sentimientos viscerales dieron pie al chavismo. Quienes tienen poder y dinero, deben entender que la ignorancia genera grandes males en la sociedad y quienes están en la pobreza deben entender que no es el odio, el rencor, la envidia o la autocompasión, sino la superación personal y familiar lo que los va a sacar de la pobreza. Ambos bandos deben entender que solo la educación y un sistema jurídico justo liberan.

El conformismo, es algo que nos hace resignarnos cada vez con menos, es lo que nos aleja de la excelencia y la superación. El conformismo y la ignorancia es lo que nos impide ver la mina de oro sobre la que reposa Venezuela y la que muy pocos han podido ver pero nadie ha podido aprovechar.

El error de los venezolanos como ciudadanos es que han visto la ley como un castigo y no como un cauce para avanzar hacia la excelencia, han buscado al caudillo como institución, la representación de la autoridad en un hombre, y no la ley y la institución justa y democrática.

La formación ciudadana debe enseñar a la población de todas las edades y estratos sociales, cómo se hace una República, cómo se separan los poderes, cómo se ejercen el control sobre los gobernantes, cómo se discuten las leyes, cómo se participa en el sistema de gobierno, cómo analizar cada acción gubernamental y ofrecer una reflexión y una crítica.

La formación ciudadana es una de las herramientas más indispensables para contrarrestar el enorme daño social que el chavismo generó. Es un proceso innovador que usa nuevas herramientas, basadas en la filosofía, la reflexión, la enseñanza de las leyes, la estimulación de la conciencia, entre otras. La formación ciudadana busca mejorar el desenvolvimiento personal, familiar y social.

La nueva ciudadanía que surgirá de este proceso, son quienes van a transformar la sociedad venezolana finalmente, ellos estarán llamados a mantener las instituciones democráticas y el Estado de Derecho, impidiendo así que el vil egoísmo triunfe nuevamente.

El proceso de formación ciudadana es una tarea de toda la nación venezolana, en ella deben participar las universidades, los liceos, las escuelas, las empresas, las fundaciones y organizaciones no gubernamentales, los gremios, los colegios profesionales, entre otros.

La formación ciudadana es lo que podrá cambiar el país en las próximas generaciones que estarán liberadas del yugo del socialismo. Cabe preguntarse, ¿Venezuela puede cambiar sin cambiar a sus ciudadanos para mejor?

De la formación política

Uno de los errores del proceso democrático liderado por la izquierda y centro-izquierda entre 1959 y 1999, es no haber formado un liderazgo democrático con posibilidades reales de tomar el poder y darle a la sociedad un proceso de evolución política.

Luego de una férrea dictadura como la de Juan Vicente Gómez, la clase política que se estableció y dominó luego del gomecismo, fue la llamada generación del 28, ya sabemos las implicaciones políticas que tendría está, aún en nuestros días, las corrientes políticas actuales derivan de lo que se hizo en las décadas de 1930, 1940, 1950 y 1960.

La izquierda democrática y la centroizquierda han estado enfrentadas contra la extrema izquierda hasta nuestros días. Los espacios de participación política de los pensamientos de centro, centro derecha, derecha y extrema derecha, han sido muy reducidos y esa reducción ha impedido equilibrar el balance político.

El 1941, Medina Angarita fundó el Partido Democrático Venezolano (PDV) un partido de Derecha que fue disuelto luego del golpe de Estado contra él en 1945, que condujo al proceso constituyente de 1947 liderado por Acción Democrática, donde la izquierda introduce el control sobre la economía.

Otro intento de la Derecha para entrar en la política fue el partido fundado por Arturo Uslar Pietri en 1964, el Frente Nacional Democrático era un partido conservador de Derecha.

Fue un intento infructuoso que desapareció en 1973. Uslar Pietri también había pertenecido a PDV del cual también fue fundador.

El gomecismo fue una tendencia de Derecha y anticomunista que por su tendencia represora y dictatorial, que alentó la insurgencia izquierdista, que Gómez pudo combatir, exiliando, encarcelando o asesinando a sus adversarios. La dictadura de Pérez Jiménez (1950-1958) también intentó frenar el avance del comunismo y de los partidos de izquierda, que con su bagaje ideológico enlodarían la incipiente conciencia política del venezolano. Venezuela vagó por la senda izquierdista hasta caer en la extrema izquierda, en el comunismo y en la cleptocracia.

La nueva clase política de Venezuela es la base para el desarrollo democrático del país, el conservadurismo extremo lleva a la debacle social por medio de la ignorancia. El marxismo lleva a la debacle social mediante la aniquilación económica. Solo el buen manejo de un desarrollo nacional basado en una economía liberal, cuyo sustento social es la educación puede equilibrar la balanza.

Venezuela necesita valores, conocimientos, argumentos, análisis, planificación, ejecución y sobre todo madurez, a la que podremos llegar a través de la educación, el trabajo y las buenas costumbres. La retórica debe quedar atrás, la guerra sucia, la descalificación personal, la arrogancia, la prepotencia pero sobre todo el venezolano debe dejar de buscar estas cualidades en un líder, el más fuerte, el que más grita y el que más golpea la mesa. La política de la bravuconería debe quedar atrás, es ese, nuestro deber como generación.

Del sistema económico venezolano

Tomando en cuenta que el proceso de estatización de la economía se proyectó incluso antes de la nacionalización del petróleo, impulsada por la Ley de hidrocarburos de 1940. Muchos de los elementos y conceptos socialistas han estado desde entonces en el verbo y el quehacer cotidiano de los venezolanos, inclusive aunque estos no fueran conscientes de ellos.

La constitución de los Estados Unidos de Venezuela de 1947, incluye elementos que pueden ser considerados como socialistas y precomunistas, sobre todo en su capítulo VII. De la Economía Nacional, en los artículos 65 hasta el 75. En su propio artículo 65 reconoce la propiedad pero le ofrece restricciones que su "carácter social le da", según el constituyente de 1947. En el artículo 67, se introduce la expropiación de "cualquier tipo de bienes" por razón de utilidad pública e interés general, mediante sentencia y pago del precio (indemnización).

El artículo 68, aclara que la propiedad privada territorial está condicionada por lo establecido en el artículo anterior. En el artículo 69, aclara que son con el fin de establecer una reforma agraria en el país para fomentar una "progresiva emancipación económica y social de la población campesina". El artículo 70, aclara que las tierras con potencial para la explotación de hidrocarburos y demás minerales combustibles pasaran a ser propiedad del Estado sin indemnización alguna.

Inclusive el artículo 71 de la constitución de 1947, fomentaba la creación de cooperativas y de todo tipo de instituciones que mejoren la "economía popular".

En su artículo 73, promete proteger la iniciativa privada pero se reserva el derecho del Estado de desarrollar diferentes industrias con lo que se establece además el inicio de un capitalismo de Estado de forma constitucional.

Si analizamos las repercusiones histórico-jurídicas de las acciones que lideraron Rómulo Betancourt y la Junta Revolucionaria de Gobierno de 1947, veremos cómo le sirvió de antecedente a Hugo Chávez y al chavismo para instaurar el comunismo en Venezuela.

Pero las repercusiones de la era "Chavista", del comunismo cubano, implantado en Venezuela por Hugo Chávez y Nicolás

Maduro, son hoy una gran amenaza para la nación venezolana, los conceptos que han sido insertados en la sociedad son el obstáculo más grande para el desarrollo del país.

Los controles del precio, controles de producción, el control cambiario, la inseguridad jurídica con respecto a la propiedad privada, la inestabilidad e inexperiencia política y económica de toda la ciudadanía, han sido, entre otros, las restricciones más grandes de nuestro desarrollo, y han sido los instrumentos de nuestra propia destrucción.

En 1989, el Caracazo se produjo, no por los efectos negativos del plan de ajuste económico, se produjo porque muy pocos en Venezuela entendían cómo funcionaba la economía, no confiaban en las instituciones que la democracia había erigido para representar sus intereses, luego la muchedumbre, hecha turba se hizo sentir en el país de entonces y en la historia.

Los venezolanos creyeron que las riquezas que la naturaleza y la divinidad le han prodigado a esta tierra, son propiedad de ellos, sin necesidad que sean administradas de la manera más eficaz. Ese concepto errado, debe terminar, la necesidad de aprovechar los recursos naturales de Venezuela parte desde el propio hecho que el Estado no sea parte y juez en la economía.

La economía de Venezuela debe basarse en una economía liberal, que promueva la libre competencia, que promueva el libre mercado sin permitir el establecimiento de monopolios y oligopolios, con el propósito de estimular la competitividad y democratizar tácitamente el sistema económico nacional. La estabilidad económica la aportará la oferta y la demanda, cuando los precios se encarezcan se producirá una oportunidad de negocios que una clase de venezolanos emprendedores puede aprovechar para surgir económicamente.

Ciertamente, se necesita crear un nuevo modelo económico, ese modelo debe responder a la realidad de Venezuela, con miras hacia una transformación positiva de la sociedad. Hay una serie de características que nos diferencia de los demás pueblos latinoamericanos y del resto del mundo. Nuestras características como venezolanos: el carisma, la resiliencia para responder a los obstáculos y a las tristezas, el marcado sentido del humor que inmediatamente hace virar la mirada hacia nosotros, el poder de convencimiento que por timidez otros pueblos no tienen, un venezolano promedio es un buen vendedor. Muchas de las características positivas, que llaman "venezolanidad", pueden ayudar a sentar las bases de un nuevo modelo económico de libre competencia, emprendimiento basado en un nuevo enfoque de desarrollo nacional.

En ese mismo sentido, el venezolano es familiar, por lo general, se mantiene unido a su familia más que otros pueblos, inclusive los estadounidenses y entre otros pueblos, son mucho más desprendidos de la familia. Esa característica es positiva, ya que las empresas que en adelante se establezcan pueden ser de patrimonio familiar, incluso las empresas venezolanas más exitosas son familiares. El proceso de emprendimiento, la exigencia de mejorar cada día, de apuntar hacia la excelencia puede ayudar a mejorar al individuo, a la familia y a la sociedad, creando un nuevo tejido social, basado en una nueva forma de ver el desarrollo económico, político y social de Venezuela.

La macroeconomía se ve marcada, además de las políticas económicas del Estado, por la acción que miles y cientos de miles de personas producen desde la microeconomía. Venezuela es un país que ha sufrido un proceso de destrucción de su aparato productivo, una involución de su recurso humano dentro del país, por eso el proceso de recuperación es también un proceso de reconstrucción económica, lo positivo es que podremos sentar las bases de un verdadero desarrollo económico, de una economía liberal y el capital más valioso será el humano unido con las grandes riquezas que posee la tierra venezolana. Transformar el país pasa por transformarnos a nosotros mismos, algo que ha ocurrido incluso dentro y fuera de Venezuela, pero que debe ser conducido a través de un proceso de educación financiera y ciudadana, que es tarea de todos construir. Es lo que podemos llamar la forja de una nueva clase emprendedora que marcará el nuevo rumbo de la nación venezolana.

El equilibrio de las cuentas nacionales vendrá dado por la reducción del gasto público, mediante la disminución y reestructuración del Estado Venezolano, del gobierno y de la presencia institucional en el país, que será limitada a lo esencial. El proceso de desestatización de las empresas que fueron nacionalizadas desde 1999, es una de las acciones que ayudará a estabilizar las finanzas públicas y servirá para formar un nuevo marco jurídico de la economía nacional, en el que el Estado pueda asumir su rol de juez.

La nueva política fiscal se encaminará a permitir la participación del sector privado en la economía, a través de la reducción inmediata del gasto público, la privatización de las empresas del Estado, la unificación y reestructuración del impuesto, cuyo objetivo será la redistribución de la riquezas a través de la educación ciudadana y financiera además del estímulo a la inversión en la pequeña y mediana industria.

La nueva política económica de Venezuela evaluará la propensión marginal al consumo, la propensión marginal al ahorro, y el porcentaje de capital que el venezolano promedio dedica a la inversión, como herramienta para evaluar el alcance de la formación financiera ciudadana que el Estado debe promover para estimular el crecimiento y el desarrollo integral de la economía nacional.

Venezuela abandonará sus programas sociales tipo dádivas, donde se le regalaba comida, electrodomésticos y hogares a la población a cambio de apoyo político (*Clientelismo político*), y serán reemplazados por programas que ayuden a generar riquezas a través de un cambio en el pensamiento colectivo, para que en primer lugar, entiendan la economía, en segundo lugar tengan conocimientos de los potenciales del país para invertir y formar negocios: personales, familiares o a través de sociedades y en el tercer lugar puedan comprender e iniciar un proceso de emprendimiento, que en la práctica pueda mejorar su desenvolvimiento social, hacerle evolucionar a nivel personal y comprender la importancia de un solo individuo en la transformación positiva de la sociedad.

Del impuesto

La política tributaria debe ser reestructurada completamente, para liberarla de las distorsiones económicas creadas por el chavismo. La formación de un nuevo tipo de impuesto, apuntará a estimular el desarrollo nacional a través de la recaudación, atenderá a un precepto territorial pudiendo existir territorios con un menor porcentaje de impuesto, otros con mayor porcentaje de impuesto y el aumento de territorios exonerados de impuestos.

Esta nueva política de recaudación de impuestos responderá a los planes de desarrollo y ordenamiento territorial formulados por la República, con el fin de desconcentrar las ciudades y estimular el desarrollo de zonas según su potencial económico.

Bajo este concepto un municipio con potencial para la producción de café, tendrá una preferencia tributaria con respecto a que en esas mismas tierras se desarrolle la ganadería, esta tendría un mayor porcentaje de impuesto que pagar, esto con tres objetivos:

1. Desarrollar el territorio según su potencialidad.
2. Estimular la inversión.
3. Conservar los recursos naturales de esos territorios para las generaciones futuras.

La oficina de recaudación tributaria responderá a la desburocratización, la descentralización, la simplificación de los trámites y la transparencia en el manejo de los recursos.

De la política monetaria

La nueva política monetaria tendrá como objetivo la liberación del tipo de cambio, el restablecimiento de la autonomía del Banco Central y la prohibición de emisión de dinero inorgánico. Una comisión especial de expertos en materia económica evaluará la situación del sistema monetario luego del comunismo.

Sectores de la economía

Venezuela enfrenta el reto de iniciar el camino hacia una economía liberal, luego de la instauración del comunismo. El proceso dictatorial mediante el cual se aplicó el comunismo cubano en el país, dejó graves lesiones sobre la economía, la sociedad y en toda la nación en general.

Debido a que la economía cayó a sus niveles mínimos en toda su historia y vivió una crisis sin precedentes históricos. El proceso de reconstrucción del país es sumamente difícil, por ello comprende un esfuerzo de todos los sectores de la sociedad, la formación de una nueva clase política-ciudadana, de una clase emprendedora y una nueva clase de empresarios.

En el proceso de estudio de las potencialidades de Venezuela, hemos identificado los sectores que son necesarios desarrollar en el país, como son: la agricultura, el turismo, la industria, la minería, la industria forestal, industria pesquera, el sector inmobiliario y el sector financiero, entre otros.

Planificación económica

El Plan de desarrollo y ordenamiento territorial de la Nación venezolana, es una herramienta de gestión que promueve el desarrollo económico y social del país cuyo proceso de ordenación espacial permite concatenar las políticas económicas de la Nación con los usos potenciales y vocacionales del territorio venezolano, permitiendo un desarrollo integral y armónico, sin menoscabar los derechos al uso de los recursos naturales por parte de las generaciones futuras.

El ordenamiento territorial, es un proceso de evaluación y planificación, que permite ubicar en tiempo y espacio los objetivos de desarrollo económico, político, social y cultural de Venezuela. El plan evaluará los territorios según sus usos vocacionales, determinados por estudios científicos de suelo, aire, agua, vegetación y ubicación, y por los usos potenciales, que se les pudiese dar debido a aspectos favorables determinados por factores: temporales, comerciales y sociales.

Una oficina de desarrollo económico territorial descentralizada se encargará de supervisar la ejecución del plan, siendo este el único requisito para el inicio de un proyecto o empresa. La autoridad de tributación fijará el impuesto que deba pagar quien desarrolle una actividad económica en el país, el porcentaje de impuesto estará determinado por la idoneidad entre el plan y la actividad a desarrollar.

Así como se hizo desde 1980, se elaboraran planes de ordenamiento territorial para los estados, los municipios y las parroquias, atendiendo a los objetivos económicos y sociales del plan de desarrollo y ordenamiento territorial de la Nación. Para ello, se dispondrá de centros de investigación autónomos integrados por profesionales de las carreras de interés y será sometido a divulgación y consultas públicas.

Agricultura

Venezuela fue un país eminentemente agrícola hasta 1930, cuando el petróleo comienza suplantar al café, debido a que décadas anteriores el país era monoproductor cafetalero. Durante la segunda guerra mundial, el petróleo venezolano tuvo un importante papel en el mundo, las inversiones petroleras fueron rezagando a la agricultura, que, posteriormente, fue prácticamente aniquilada durante comunismo de Chávez.

Venezuela es un país con gran potencial agrícola y pecuario, que tiene un gran mercado en el Caribe y en otras naciones. El país posee alrededor de 36 millones de hectáreas aptas para la agricultura, donde se estima que el 22% es ideal para la agricultura vegetal y un 78% para el desarrollo pecuario.

El modelo agrícola y pecuario debe ser sometido a una profunda transformación, que será transversal desde lo institucional a empresarial. Desde el punto de vista financiero, durante el periodo 1959-1999, el principal obstáculo de la agricultura estuvo derivado por los efectos propios del síndrome holandés en la economía. Las importaciones son mucho más atractivas que el mercado interno, debido a la robustez ficticia de la moneda por el auge del recurso natural (petróleo).

Desde el punto de vista técnico, la tecnificación fue precaria y la mecanización fue muy focal, lo que se hizo en agricultura en materia de tecnificación, fue poco, porque el mercado estuvo frenado por la característica monoproductora petrolera.

En el aspecto de la fuerza de trabajo, el campo sufrió un éxodo hacia la ciudad, además de un empobrecimiento de su masa trabajadora, el conocimiento llegó al campo con mucha dificultad y lo que se sabe es simplemente empírico. En ese aspecto, el fracaso es institucional, la centralización de las políticas de desarrollo agrícola impiden llevar al campo la realización de los objetivos de desarrollo. Se debe establecer una institucionalidad rural, que se traduce como la descentralización de las políticas de desarrollo agrícola y rural, buscando la transformación del campo, por medio del desarrollo planificado y la educación. El hombre y la mujer del campo deben tener acceso al modelo de educación ciudadana, agrícola, financiera y de emprendimiento, que le permitan tener una visión a futuro y un proyecto familiar con el que puedan salir de la pobreza a través del trabajo.

Ese aspecto a desarrollar: el empresarial, será la formación de ciudadanos en materia financiera y de emprendimiento para el inicio de agronegocios en el país. Durante los últimos 20 años, el sector agrícola sufrió el hostigamiento del comunismo a través de las expropiaciones, los controles de precio, el desabastecimiento de insumos agrícolas, el decomiso y extorsión de los funcionarios policiales y de la Guardia Nacional.

La formación en agronegocios debe capacitar en todo lo relacionado a la administración, finanzas, mercadeo, almacenamiento, distribución, estrategia, tecnología, innovación y puntos finales de venta. Además de ayudar emprender en el campo, el proceso debe incluir la reconstrucción y reestructuración de las relaciones comerciales sobre los agroproductos venezolanos.

La responsabilidad social de los nuevos emprendedores del campo está en la formación de su masa trabajadora, la tecnificación de estos ayudará a evolucionar la mentalidad de la población rural.

Venezuela es y será un país muy atractivo para la inversión y el retorno de las ganancias. Es un deber de la nación crear las condiciones para que el campo venezolano sea un lugar atractivo para la inversión nacional y extranjera.

Se estima que en Venezuela existen 36 millones de hectáreas aptas para la agricultura, de las que el 22%, son para agricultura vegetal y 78% para ganadería.

La agricultura vegetal puede ser desarrollada por cultivos tropicales, producidos en sistemas anuales mecanizados, horticultura, plantaciones y fruticultura de bajo piso. Quizás, la limitante más determinante es la falta de disponibilidad del recurso hídrico, por lo que se deben establecer esfuerzos de planificación hídrica que lleven a proyectos locales que mejoren esta condición actual. El proceso de tecnificación debe ir encaminado hacia el establecimiento de sistemas de riego y estructuras comerciales y sociales para estos.

Los cultivos anuales mecanizados, son los de mayor inmediatez a la hora de recuperar la economía venezolana, se producen en las tierras planas aptas del país, en estas se puede cultivar:

maíz, arroz, algodón, ajonjolí, maní, sorgo, soya, caraotas, frijol y otras leguminosas.

Para el cultivo de maíz, arroz, sorgo y algodón, existen más de 2 millones 200 mil hectáreas (ha), ubicándose la mayor parte de ellas, en los estados Guárico y Apure, con más de 900.000 ha, seguida del estado Portuguesa con alrededor de 482.000 ha, Bolívar con 288.219 ha, Cojedes con alrededor de 200.000 ha, Delta Amacuro con 104.000 ha, otros estados con importantes superficies para cultivos mecanizados: Zulia, Lara, Falcón, Yaracuy, Mérida, Trujillo, Barinas, Anzoátegui, Monagas y Sucre.

El maíz es uno de los rubros más indispensables para la alimentación del venezolano, si se sembraran 200.000 ha de maíz con un rendimiento de 3.3 ton/ha, se podrían cosechar alrededor de 660.000 toneladas de maíz, con un valor de la tonelada de maíz de 3.800 USD, estaríamos hablando de una producción valorada en 2.500 millones de dólares, dentro de la economía nacional. Según Fedeagro, en 2017 se produjeron un millón de toneladas en 350.000 ha, eso se traduce en un rendimiento de 2,85 ton/ha, mientras que en el año 2007 la producción fue de 2.400.000 ton en 650.000 ha, lo que se traduce en un rendimiento de 3,7 ton/ha, es decir, se redujo la producción y el rendimiento.

Con el establecimiento de una nueva política económica liberal, con la eliminación de los controles de precios, controles cambiarios y demás trabas a la producción, se puede emprender un plan para atraer la inversión y recuperar la producción de maíz tanto para el consumo humano como animal. Es necesario, trabajar en las áreas de inversión, tecnificación, mecanización, producción, investigación, comercialización y desarrollo del talento humano. Una de las metas debe ser alcanzar una producción de 800.000 ha de maíz con un rendimiento de 3.7 ton/ha que produzca unas 2.960.000 ton de maíz que pueden representar 11.248 millones de dólares dentro de nuestra economía en los primeros tres años.

En cuanto a las plantaciones, Venezuela fue uno de los principales exportadores de café del mundo y por muchos años fue el primero, pero cayó a niveles miserables en comparación con lo que un día fuimos.

Los estados: Mérida, Trujillo, Táchira, Falcón, Lara, Portuguesa, Miranda y Anzoátegui, y otras zonas en general, tienen las condiciones agroambientales ideales para la producción del café.

En el país, existe una gran tradición sobre el cultivo de café en pie de monte, y en zonas montañosas en general, asociado siempre al cultivo bajo sombra. La producción cafetalera ha ido en caída libre desde 1930. Su recuperación es mucho más compleja, pero es una oportunidad perfecta para iniciar un proceso de optimización y modernización de la industria cafetalera en el país.

En 1975, la producción de café era de 64.611 toneladas cosechadas en 275.438 ha con un rendimiento bajo de 3,7 quintales por hectárea (qq/ha) bajo la variedad Typica cramer, en 2001 alcanzó su nivel de producción superior en 40 años 91.877 ton en una superficie de 233.873 ha con un rendimiento de 8.5 qq/ha. Se estima que en Venezuela el número de fincas cafetaleras era de 58.940 fincas en 1972 pero descendió a 42.686 entre los años 1989/1990. En 2010, se estima que la producción fue de solo 30.000 toneladas en alrededor de 190.000 ha, usando las variedades Bourbon, Caturra, Nuevo mundo, entre otras.

A partir de 2002, el gobierno chavista fijó el precio del café, pero en poco tiempo, la inflación superó los costos de producción con respeto al precio fijado, por lo que los productores comenzaron a producir a pérdida y se aceleró el proceso de cambio de fincas cafetaleras a otros rubros. En lugares como el pie de monte barines se vivió un proceso de potrerización de las fincas cafetaleras que fueron deforestadas y convertidas en fincas ganaderas.

Una de las acciones para recuperar los cafetales, es liberar el precio del café, para que sea el mercado quien fije el precio, esto debe ser acompañado por un proceso de asesoramiento técnico y educación agrícola. El restablecimiento de la producción de café debe ir acompañada de una recuperación de los suelos, de programas de conservación de los bosques y la aplicación de cultivos de café bajo sombra con árboles de interés comercial y ambiental.

Otro rubro de gran importancia en la economía agrícola es el plátano, la zona sur del lago de Maracaibo posee condiciones idóneas para su cultivo, tales como, un bosque húmedo tropical, altas temperaturas, relieves de suaves pendientes y ríos caudalosos que desembocaban en el lago, esta zona conforma una planicie aluvial que abarca los estados Zulia, Mérida, Trujillo y Táchira, contando con una superficie aproximada de 1.187.000 ha. Esta región, comenzó a poblarse a raíz de la construcción del ferrocarril Santa Bárbara, estado Zulia a El Vigía, estado Mérida en 1891 y el tramo La Fría, estado Táchira a Encontrados, estado Zulia en 1892.

Otros estados del país que poseen áreas ideales para la plantación del plátano, son Barinas y Bolívar. Por lo que, es necesario realizar los estudios pertinentes para su desarrollo.

En cifras, la producción de plátano en 1992 fue de 567.810 toneladas, llegó a alcanzar su punto más alto en el año 2000 donde se produjeron 847.579 toneladas, pero la producción cayó a la mitad desde 2002. La producción de plátano en estos años era exportada hacia los Estados Unidos, el primer socio comercial de Venezuela históricamente.

El esquema de recuperación de las plantaciones y exportaciones de plátano debe incluir el restablecimiento de las estructuras comerciales: logística, almacenamiento, centros de venta y distribución, además de establecer tramos ferroviarios en toda la extensión de la zona Sur del Lago de Maracaibo.

Otra de las obras para potenciar la producción de plátano, es el reacondicionamiento de los puertos en estos lugares, para colocar vía marítima no solo la producción de plátano sino la de nuevos rubros que surgirán dentro de la dinámica de recuperación económica y desarrollo integral de la economía.

La mejora de la vialidad, el establecimiento de tramos ferroviarios y el reacondicionamiento de los puertos del lago de Maracaibo, podrá ayudar a colocar los productos elaborados en los estados Táchira, Mérida, Trujillo y en el propio estado Zulia, en su salida ideal al mar por medio del Lago y su conexión con el mar Caribe.

A través de esto, podemos establecer un Corredor Andino-Caribeño, que va a transformar la geografía económica del occidente del país. Las actividades económicas dentro de los estados Zulia, Mérida, Táchira y Trujillo están inspiradas en el emprendimiento, y sus empresas son de inversión nacional y extranjera de propiedad privada. Las actividades permitidas dentro de este territorio, son las que están presentes en los planes de ordenamiento territorial y son afines a los objetivos económicos. La nación debe promover el establecimiento de las redes comerciales y viales que permitan el desarrollo de este corredor económico hacia el mar Caribe, con esto, se desarrollará la economía de los estados andinos y sobre todo, potenciará al estado Zulia como estado productor portuario.

Estas interconexiones económicas se deben hacer en los demás territorios del país, previo a estudios pertinentes: económicos, sociales y ambientales. Específicamente en los territorios al sur del río Orinoco, que deben ser sometidos a un plan de desarrollo y a una rigurosa legislación que desarrolle sosteniblemente los recursos naturales que allí existen para poder sacarlos de la decidía y la depredación a las que son sometidos en la actualidad.

El desarrollo pecuario, es uno de los más importantes según la vocación de la mayoría de las tierras del país. Durante el comunismo chavista, se expropiaron cientos de miles de hectáreas de fincas ganaderas. Los chavistas solían depredar el ganado en estas y nunca tuvieron la intención de ponerlas a producir. Ahora, recuperar la población de ganado es un reto, que puede ser superado mediante el estímulo del emprendimiento y la tecnología.

Venezuela posee más de 28 millones de hectáreas que son aptas para la cría de ganado, históricamente el país tuvo una tradición ganadera. En 1924, el rebaño de ganado vacuno era de 2.326.895 unidades animal (UA), en una población que alrededor de 2.700.000 habitantes que en su mayoría vivían en el campo, pudiendo inferir que estaban disponibles alrededor 1.16 UA/persona, no quiere decir que exactamente fuera así, ya que el país era muy desigual en la época. Un país como Uruguay, tiene 3,6 UA/persona, siendo el país con mayor ganado vacuno por habitante en la actualidad, mientras que en un país petrolero como México la cifra es de 0,23 UA/persona.

Se estima que de los 28 millones de hectáreas disponibles para el ganado más de la mitad, alrededor del 58%, son aptas para ganadería extensiva con una capacidad de carga de 0,35 UA/ha, por supuesto poblar de ganado el 100% de esas tierra para ganadería extensiva, esta generaría un daño ambiental que impediría que las próximas generaciones disfruten de estos recursos.

El otro 42% es apto para la ganadería semi-intensiva, con una capacidad de carga de 1 UA/ha, esto es primordial para la cría y ceba del ganado, las condiciones descritas anteriormente se basan en los estudios hechos por el Ministerio de Ambiente y Recursos Naturales y el ministerio de Agricultura y Cría en los años 1980. Esto puede ser mejorado con el desarrollo tecnológico al servicio de la economía, el empresariado y el emprendimiento para crear una nueva cultura de desarrollo pecuario.

Para estimular el poblamiento de las zonas rurales, que fueron abandonadas en más del 90%, luego de la era petrolera y economía parasitaria del comunismo, es necesario crear nuevas formas de desarrollo social. Se deben establecer centros rurales semi-urbanos, es lo que en el campo se conoce como "ir al pueblo", potenciar estos centros poblados, a través de un estudio que pueda establecer una línea de acción con las que se responda a: 1. Insumos agrícolas y pecuarios: fomentar el emprendimiento familiar a través de la venta y distribución de productos agropecuarios. 2. Asistencia veterinaria y extensión agraria: En la práctica, puede generar muchos puestos de trabajo para profesionales a través de la asesoría técnica en el campo. 3. Asistencia médica tanto pública como privada. 4. Estructura bancaria y financiera, con la que se puedan establecer los enlaces comerciales. 5. Descentralización institucional, en esta se deben tomar en cuenta la presencia de notarios, oficinas de desarrollo que atienda asuntos económicos, institucionales y sociales de acuerdo al plan de desarrollo de la nación. 6. Emprendimientos con base al entretenimiento y turismo en la zona: Posadas, hostales, cafeterías, heladerías, agencias de turismo, entre otras. 7. Seguridad ciudadana, quizás uno de los más indispensables es la seguridad policial, que permita el desarrollo de estas actividades económicas, sin interferir en su desenvolvimiento.

Industria

Venezuela, es un país cuyo proceso de industrialización más reciente se vivió en los años 1970, luego del proyecto Gran Venezuela (1974-1979) de Carlos Andrés Pérez, un crecimiento de las empresas del Estado en la década de 1960 (Betancourt-Leoni) y un proceso de planificación y construcción industrial durante la era perezjimenista 1948-1958.

La evolución del desarrollo industrial se dio con mucho impulso luego de la creación de las zonas o parques industriales. El proceso de ordenamiento territorial, ayudó a formar zonas industriales en las principales ciudades del país, por supuesto, esto se produce en medio de un marcado capitalismo de Estado, ya que es la industria petrolera y la minería de las industrias básicas del Estado, lo que en su mayor porcentaje mueve el aparato industrial durante la segunda mitad del siglo XX.

En la actualidad, la industria venezolana se encuentra devastada por el comunismo. La pequeña y mediana industria, han desaparecido prácticamente, su reconstrucción forma parte de un replanteamiento de la sociedad como tal y de la forma como se estableció la industria en Venezuela en el pasado. El proceso de ordenación territorial de las ciudades y de las zonas rurales es solo la primera etapa para la transformación.

El primer paso, es establecer la seguridad jurídica dentro de la industria, a través de la transformación del Estado, como ya se mencionó, posteriormente se debe comenzar a recuperar el efímero aparato industrial que aún queda en pie. De allí, se debe partir hacia el proceso de ordenamiento territorial del resto del país, concatenando los objetivos nacionales con los emprendimientos privados en los sectores de la economía industrial y engranar las relaciones comerciales de esas empresas, con el resto del aparato productivo del país. Un ejemplo de ello, es el engranaje agro-industrial, la reactivación y transformación de la economía agrícola como la hemos planteado someramente en este documento, ameritará un aparato industrial cercano a los centros de producción agrícola. La interconexión de estos se dará mediante evaluaciones de los planes de ordenamiento territorial con el uso de sistemas de información geográfica donde se puedan establecer redes agropecuaria-industria-comercial en general.

Como ejemplo, en la producción de maíz tenemos grandes campos mecanizados en los estados Portuguesa, Cojedes y Barinas, los centros agroindustriales para su procesamiento deberán estar en zonas aledañas, cuya distancia no comprometa la calidad del producto al llegar a la planta y no genere un costo de producción mayor para el productor primario. Aunque mucha de esta infraestructura existe, su origen viene de la expropiación y ampliación del modelo socialista, pero no en el modelo de economía de libre competencia, en base a los grandes objetivos económicos de la nación. La apertura de dichos mercados a capitales privados mejorará el procesamiento, distribución y comercialización y en la práctica formará las redes agropecuaria-industria-comercial.

La industria petrolera, en manos del Estado, ha sido anulada por una cleptocracia cívico-militar, una partidización de Petroleos de Venezuela (PDVSA) y sus filiales, una anulación de su meritocracia y una descomposición orgánica, lo que ha derribado la producción desde 3.000.000 de barriles al día en 2001 a alrededor de 700.000 barriles al día (2019), de los cuales casi 200.000 son enviados a Cuba. El primer paso al liberar Venezuela del comunismo, es auditar toda la industria, para evaluar su condición y establecer responsabilidades penales sobre los daños ocasionados a ella por el chavismo.

El proceso de desestatización de la industria petrolera, puede darse mediante la participación 70% inversión privada y 30% Estado venezolano en la primera etapa, o una privatización al 100% de la industria, luego de la estabilización de la misma, según sea determinado por expertos en materia petrolera y posterior a acuerdo dentro de la sociedad. La salida del Estado del negocio petrolero, permitirá aplicar las nuevas leyes de producción y de responsabilidad ambiental y social.

Debido a la descomposición social promovida por el chavismo, la clase trabajadora petrolera debe ser guiada hacia un proceso de excelencia a través de la meritocracia. La industria puede ser recuperada rápidamente, las instalaciones, los equipos pero la mística, la preparación, el profesionalismo, el patriotismo son los valores que se van a fomentar, para hacer del país uno de los principales productores petroleros del mundo nuevamente. En el siglo XXI, Venezuela posee las más grandes reservas de petróleo del mundo pero su industria ha dejado de ser lo que un día fue.

Otro punto acerca de la industria petrolera, es la salida de Organización de Países Exportadores de Petróleo (OPEP), donde la influencia de los países árabes y sobre todo la de

Arabia Saudita, quien produce más de 10 millones de barriles al día, ha mermado a la organización, que es cada vez más influenciada por la política petrolera saudí, quienes no están dispuestos a recortar su producción en favor de los demás miembros, esto es contrario a nuestros intereses nacionales, sobre todo si Venezuela plantea abrir su industria petrolera a la inversión, por lo que debe replantarse su participación en la OPEP, a través de un debate interno necesario.

Por otra parte, los impuestos y regalías petroleras deben ser sometidos a un amplio debate producto de estudios previos. El aumento progresivo de la participación fiscal del Estado en el negocio petrolero, convirtió al país en un petroestado y llevó finalmente a la nacionalización.

Las industrias básicas de Guayana, comprenden la explotación de los minerales que se encuentran en la región, estos son: la madera, el hierro, bauxita, oro, diamantes y otros minerales. La explotación de estas industrias ha estado en manos del Estado, a excepción de la privatización de la Siderúrgica del Orinoco (SIDOR) en la década de 1990.

La estatización ha disminuido la importancia de estas industrias, que han sido un centro de la corrupción estatal, a través de la corrupción gerencial así como de la asignación constante de recursos financieros a través del presupuesto nacional, aunado a esto, presentan graves pasivos ambientales, por la falta de evaluaciones de impacto ambiental, que sean consideradas por las autoridades, debido al conflicto Estado-Estado, que ya hemos explicado. En 2014, la dictadura de Nicolás Maduro adjudicó concesiones mineras sin tener estudios de impacto ambiental que avalaran dichas concesiones como ordena la constitución de 1999, en clara violación de ella.

Bajo la premisa que todo recurso natural será aprovechado tarde o temprano, debemos entender que es necesario legislar sobre todos los recursos naturales de Venezuela, planificar su aprovechamiento, y conducir el desarrollo de la región de la margen derecha del río Orinoco, con el objetivo de garantizar su disponibilidad para las generaciones futuras.

Es indispensable, realizar los estudios de impacto ambiental de los proyectos que se deben ejecutar en la región Sur de Venezuela, a través de un programa especial regional dentro de plan de desarrollo nacional, este permitirá: 1. Desconcentrar las grandes ciudades de Venezuela ubicadas en la margen izquierda del río Orinoco. 2. Mejorar la disponibilidad del agua potable en las ciudades. 3. Neutralizar los grupos irregulares y mafias que se han apoderado de los espacios, y así poder explotar los recursos de Venezuela.

La privatización de las industrias básicas debe darse prácticamente en su totalidad a mediano plazo, en la medida en que las condiciones económicas, capacidades del Estado, y necesidades de la Nación, así lo ameriten, según la dinámica de desarrollo del país.

La industria forestal en Venezuela ha sido muy reducida incluso en los mejores momentos de desarrollo del país, si bien Venezuela posee el bosque artificial más extenso del mundo con más de 600 mil hectáreas de pino caribe, conocida como bosque de Uverito, que abarca los estados Anzoátegui y Monagas, el desarrollo de la industria no ha sido integral.

Venezuela ha vivido una explotación forestal, pero no un aprovechamiento. El desarrollo forestal ha sido depredador, y es momento de cambiarlo. El desarrollo forestal debe garantizar la viabilidad de los recursos forestales para las generaciones futuras, a través de herramientas del desarrollo sostenible y del manejo y aprovechamiento de la riqueza genética presente en todas las áreas boscosas de Venezuela.

Las plantaciones forestales deberán ser dirigidas dentro de un modelo de diversificación de las especies forestales, evitando así, los daños ambientales ocasionados por el monocultivo. El manejo genético de las plantaciones forestales podrá promover el desarrollo tecnológico para: 1.Conservar la diversidad genética. 2. Mejorar los productos forestales venezolanos. 3. El desarrollo de áreas no forestales como el uso en la medicina.

Dichas acciones persiguen tres objetivos: Desarrollo, educación y avance tecnológico.

El nuevo desarrollo de la industria forestal podrá dividirse en *plantaciones forestales autóctonas y plantaciones introducidas.* Las especies forestales autóctonas de gran valor comercial como la Caoba, Cedro, Saman, entre otras, han sido en su mayoría taladas en su ambiente natural, por lo que la riqueza genética presente en ellas se ha perdido, es un desafío tecnológico hacer que estas especies tengan un crecimiento más rápido. La innovación y el emprendimiento en este campo puede hacer sostenible este recurso natural y generar avances tecnológicos en Venezuela, el país podría nutrirse de experiencias como de la Finlandia para desarrollar su industria.

Las plantaciones forestales introducidas, tienen una ventaja comparativa con respecto a las que no han sido desarrolladas, y su limitación es de carácter ambiental, por los impactos que pudiesen tener en el ambiente. Las plantaciones de teca y melina, tienen un gran potencial y han tenido una participación muy importante en la economía. Estas plantas del sudeste asiático, son de alto rendimiento, crecen con gran rapidez y la madera posee buena calidad, crecen en juntas en sus bosques naturales y en ellos están asociadas al bambú. Se utilizan en la industria inmobiliaria, también para fabricar muebles y para la fabricación de papel.

Industrias de reciclaje, el auge de la actividad industrial traerá como consecuencia el aumento súbito de la chatarra en el país. Es necesario planificar y ofrecer a la población, otro medio de producción para el emprendimiento, la maquinaria, vehículos y herramientas generará una gran cantidad de desechos metálicos.

La privatización de SIDOR y la devolución de la Siderúrgica del Turbio a sus dueños, la empresa fue confiscada por Hugo Chávez en 2010, sin indemnización. Procesaba 835.000 toneladas de productos semiterminados entonces.

Actualmente existen plantas como: Planta Casima (estado Bolívar), Planta Antimano (Caracas), Guarenas (Miranda), Valencia (Carabobo) y Barquisimeto (Lara). La liberación de la industria siderúrgica en el país, ayudará a crear emprendimientos privados en plantas siderúrgicas pequeñas y medianas en diferentes zonas del país, como ejemplo Barinas podría ser receptor de la chatarra de la agricultura en Portuguesa, Apure, Mérida, Trujillo y el propio estado Barinas.

La industria del plástico primario y reciclado, puede ayudar a reducir las cantidades de desechos en las grandes ciudades. El aumento del consumo interno en Venezuela traería consigo el aumento de los desechos, que mejor manera de obtener una solución que ofreciendo una oportunidad de negocios, si bien existen empresas en el país que se dedicaron al reciclaje de plástico, no existe un sistema que le sirva a la gestión de desechos urbanos y también rurales, una vez que la agricultura se reactive.

Turismo

El turismo en Venezuela, es uno de los negocios que podrían generar muchos ingresos, representa un alto porcentaje del Producto Interno Bruto del país. La contemplación, el disfrute, el entretenimiento, el esparcimiento y el placer son parte de un negocio en el que Venezuela tiene grandes potencialidades, su mayor limitante hasta ahora, son los altos niveles de criminalidad del país.

El Estado saldrá del negocio turístico mediante la privatización de todos los activos turísticos adquiridos en nombre de la República. Los desarrollos turísticos se harán de acuerdo a la planificación territorial. Mediante libre competencia, el Estado garantizará la seguridad de los turistas nacionales y extranjeros en todo el territorio nacional.

El Estado de Derecho garantizará la propiedad privada y la libre competencia de las empresas turísticas, las inversiones y el retorno de estas estarán aseguradas por el sistema de economía liberal, basadas en los planes de ordenamiento y deberán respetar la política y legislación ambiental de la nación.

Las zonas francas y las zonas de estímulo al turismo, se convertirán en áreas de importancia comercial persiguiendo los objetivos de generación de riqueza, puestos de trabajo y bienestar que harán de Venezuela un lugar ideal para la inversión y colocación de capitales.

Las zonas de estímulo al turismo tendrán preferencias tributarias, el Estado fomentará el emprendimiento y la libre empresa en estas áreas que serán destinadas exclusivamente al turismo, confort y entretenimiento.

La formación de emprendedores en turismo y de guías turísticos, permitirá a la juventud acceder a una gama de herramientas económicas para salir de la pobreza y comenzar negocios. La instrucción de guías turísticos contemplará la preparación en primeros auxilios, idiomas, herramientas didácticas y aspectos históricos, sociales y culturales de interés para el turista.

El cambio de paradigma y la transformación social, a través de la educación financiera, ciudadana y política, unidas al Estado de Derecho y seguridad ciudadana, permitirán la creación de proyectos de emprendimiento en ecoturismo y agroturismo. El ecoturismo generará afluencia de turistas hacia zonas que pueden estar protegidas por la ley como parques nacionales y monumentos naturales, esto generará empleo, ingresos y presencia ciudadana en estas áreas. El agroturismo, llevará personas a los centros de producción agrícola de emprendimiento privado que sean ejemplo y se abran a un ingreso adicional, a través de la contemplación de sus actividades. Esto tiene un efecto multiplicador entre quienes se enamoren del campo y quieran emprender también en esta área de la economía.

Actividad inmobiliaria

Durante la bonanza petrolera, vemos el aumento de los petrodólares y las importaciones, los capitales se vuelcan hacia el sector inmobiliario. Durante el comunismo, se expropiaron las empresas cementeras, y el sector construcción en general sufrió la intervención del Estado, el favorecimiento de las empresas ligadas a chavistas y a militares llevó a la destrucción de este sector de la economía.

Los grandes complejos habitacionales de la mal llamada "Gran Misión Vivienda Venezuela", muchas veces no tenían garantizado el acceso al agua, esto en gran medida aceleró el déficit hídrico en todo el país. Este proceso también aumentó la concentración poblacional en las grandes ciudades.

El nuevo ordenamiento territorial, buscará desconcentrar las grandes ciudades para poblar las zonas del sur de Venezuela, las inversiones privadas en complejos habitacionales de las nuevas zonas a poblar estarán amparadas en el Estado de Derecho. El restablecimiento y ampliación de las relaciones comerciales, dentro de la nueva economía liberal de Venezuela, creará oportunidades de negocio en la construcción de nuevos centros comerciales con fines industriales, agrícolas y tecnológicos.

Los centros semiurbanos cercanos a las zonas de producción agrícola contarán con centros comerciales con fines agrícolas y pecuarios. Esto abre un abanico de oportunidades de inversión en todas las regiones del territorio nacional para la construcción, venta-alquiler, mantenimiento y renovación de estas zonas comerciales que ayudarán a estructurar el nuevo sistema económico del país.

El nuevo auge del sector construcción también abrirá el debate sobre los materiales de construcción, según los avances tecnológicos, la disponibilidad de recursos, las relaciones costo-beneficio y los factores de renovación de estructuras que ayudarán a dinamizar el sector inmobiliario, que se ha limitado a la construcción con concreto y casi siempre con contratos del Estado.

El sector financiero

Los especialistas en materia económica a través de una discusión pública y consenso en la nación venezolana, deberán determinar los procedimientos en los que el Estado se alejará de la intervención en la economía, generada por el propio comunismo a través del incremento de la banca pública. Como ejemplo, la compra del banco de Venezuela en 2008 y de otras entidades financieras durante los últimos veinte años en Venezuela.

Los controles cambiarios, el control de las tasas de interés, las expropiaciones y el hostigamiento a la banca privada, a través de la Superintendencia de bancos, aunado al incremento del gasto público en los primeros años (bonanza petrolera 2007-2011) y a la caída súbita durante los últimos años (luego de 2014), junto con la emisión de dinero inorgánico y las reconversiones monetarias, desestabilizaron el sistema financiero, entre muchas otras razones que es deber de los economistas definir en el futuro, pero que resumimos en la intervención del Estado en todos los sectores económicos y financieros de Venezuela.

Atraer los capitales extranjeros a Venezuela no es tarea difícil, es este uno de los países con mejores recursos, uno de los mejores con posición geográfica privilegiada entre en el mar Caribe y el océano Atlántico, estamos a cinco días en barco y a escasas horas en avión de los Estados Unidos, que históricamente ha sido nuestro principal socio comercial. El reto es mantener esos capitales, la transformación social de un país sometido por el comunismo, cuya calidad mental ha sido disminuida y pervertida por más de veinte años, es una tarea de toda la nación, es generar el nuevo rumbo de la nación venezolana, como titula este libro.

La formación de una nueva generación de jóvenes emprendedores, no solo parte de la educación financiera para que a través de pequeños y medianos negocios pueda influir en la macroeconomía venezolana a mediano y largo plazo. Es también, que puedan incursionar en el mercado financiero nacional e internacional. Con la reactivación de las bolsas de valores del país, se necesitarán operadores accionarios, para manejar el flujo de dinero que se va a generar con la presencia de importantes empresas, que puedan operar con libre competencia en el país.

Las primeras etapas de la reconstrucción económica pueden crear empleados, autoempleados y dueños de negocio fácilmente, pero es un deber indispensable de la nación crear inversionistas para que la dinámica de la economía pueda mantenerse a un crecimiento constante y visionario. El crecimiento constante se dará en las primeras etapas de la recuperación económica, el aspecto visionario se lo puede dar el plan de desarrollo y ordenación del territorio y la visión ciudadana de la economía del futuro del país, donde se aprovechen más y cada vez mejor nuestros recursos y el carácter retroalimentario, se lo dará la sociedad y los inversionistas que generaran negocios cada vez mejores, competitivos, eficientes y formadores de riqueza para el desarrollo de la nación.

La política de ordenamiento territorial

Venezuela desarrollará una nueva política de ordenación de su territorio que será holística, descentralizada, a nivel nacional, estadal, municipal y parroquial y atenderá a los objetivos económicos de la nación. El ordenamiento será basado en el desarrollo económico y social que la liberación de la economía, la libre competencia y el nuevo Estado de Derecho le brindarán a la nación venezolana.

El plan de desarrollo nacional y ordenamiento territorial de la nación venezolana organizará el territorio en:

1. Zonas de desarrollo familiar: comprende zonas destinadas a urbanizaciones, parques recreacionales,

hospitales, centros comerciales con fines sociales, escuelas, entre otros.

2. Zonas comerciales: Todas aquellas zonas que incluyen empresas de distribución, comercialización y venta de artículos, productos, herramientas de interés económico y social.

3. Zonas industriales: Todas aquellas áreas destinadas al desarrollo industrial, donde no es permitido el hábitat familiar, que tienen una vialidad, régimen eléctrico e hídrico especial que atienda a las necesidades de producción y saneamiento de aguas y desechos industriales.

4. Zonas de desarrollo tecnológico: Aquellas zonas del país destinadas a la creación de tecnología nacional, de tecnologías de la información, medicinas, nuevas tecnologías industriales, entre otras. Para el desarrollo de estas, se tomará el concepto de tecnopolis desarrollado por países como Estados Unidos y Japón, entre otros.

5. Zonas de desarrollo agrícola y pecuario: comprende aquellas zonas con potencial agrícola y pecuario, que estarán organizadas según sus usos potenciales y vocacionales.

6. Zonas de uso semiurbano: Son áreas destinadas a la instalación de centros comerciales con fines agropecuarios e industriales, centros asistenciales y educativos que sirven de apoyo a las actividades

agrícolas, pecuarias y agroindustriales y al desarrollo humano.

7. Zonas de desarrollo minero: son aquellas zonas que están destinadas al desarrollo minero y estarán sometidas a una legislación ambiental específica, que asegure la sostenibilidad de los recursos minerales presentes en ellas.

8. Zonas de aprovechamiento petrolero y gasífero: Son aquellas áreas destinadas a la industria petrolera y del gas, que tendrá un régimen legal que equilibre la competitividad con el respeto a la política económica y ambiental de Venezuela.

9. Zonas de desarrollo turístico: son aquellas zonas que se destinarán exclusivamente al turismo, agroturismo y ecoturismo tanto en territorio continental como insular de Venezuela.

10. Zonas de protección ambiental y reserva de investigación científica: Comprende áreas bajo régimen de administración especial con fines ambientales y científicos como parques nacionales, monumentos naturales, entre otros, en ellas se realizará la conservación activa de los recursos naturales, el estudio científico de los recursos genéticos presentes en la flora. Estas áreas son aptas para el turismo de media y baja intensidad según determinen los estudios pertinentes.

11. Zonas de aprovechamiento forestal: son aquellas destinadas a plantaciones forestales cuyos suelos tengan aptitud para ello, y sean sometidos a un proceso de renovación y mejoramiento genético.

Seguridad ciudadana

La descomposición social y la corrupción moral, que el chavismo dejó tras de sí en la sociedad venezolana, es uno de los principales obstáculos del desarrollo de Venezuela, de su estabilidad económica, política y social. La reconstrucción del hilo social es un reto de quienes integran la sociedad y debe contar con el apoyo de la comunidad internacional.

El restablecimiento del Estado de Derecho, de la independencia del sistema judicial y en general, el nuevo rumbo de la nación venezolana, debe ir acompañado de un estricto cumplimiento de la ley. El error de muchos venezolanos por generaciones fue creer que podían comprar la ley, desde lo más mínimo que fue la evasión de la infracción vial, pero ese aspecto llegó hasta la política cuando a la ley y la justicia se le fue puesto un precio, precio que solo los poderosos podían pagar.

La creación de la nueva Policía Nacional, de la Policía de Investigación Judicial y el Servicio de Información Judicial formará parte de la nueva política de seguridad ciudadana de la nación, que garantizará la estabilidad social permitiendo el buen desenvolvimiento de las actividades económicas y sociales en Venezuela. El restablecimiento del porte de armas legal y del derecho a la legítima defensa de los ciudadanos, serán garantizados por el Estado de Derecho venezolano.

El recurso agua en Venezuela

La planificación de los recursos hídricos, construcción de embalses y la gestión de las empresas de recurso hídrico ha estado en manos del Estado, con una gran corrupción y tarifas subsidiadas por el petroestado.

La planificación hídrica y la construcción de embalses no se ejecutan desde hace más de 40 años. Entonces, Venezuela tenía muy poca población, poseía gran cantidad de recurso hídrico y permitía subsidiar el agua potable, pero eso ya es imposible. El venezolano comprendió el valor del agua cuando la perdió.

La recuperación de este servicio básico, es quizás más compleja que el rescate del servicio eléctrico, atender el problema es indispensable en este momento. Se debe en primer lugar evaluar, recuperar los sistemas y mejorarlos, seguido a esto comenzar la exploración de nuevos sitios de presa y la planificación para atender los sistemas de abastecimiento.

El manejo de las cuencas hidrográficas será un aspecto primordial para conservar el recurso hídrico, el dinero para este tipo de gestiones podrá darse mediante un porcentaje de los impuestos y las tarifas del servicio de agua potable, según se establezca previo estudio que equilibre esta área vital para el desarrollo.

Por supuesto, que la presencia de la ley es importante para eliminar las conexiones ilegales y sincerar las tarifas de este servicio. Una comisión especial deberá investigar las formas de recuperación de Hidroven, deberá discutir su privatización o los modos en las que pueda funcionar sin formar parte de la carga presupuestaria en el ámbito nacional y estadal.

Industria eléctrica

La industria eléctrica esta devastada por la corrupción generalizada que se produjo desde su expropiación. Solo una evaluación de expertos puede determinar los pasos inmediatos para su recuperación progresiva. El proceso de privatización es necesario para solventar los problemas dentro de la industria.

El surgimiento de energías alternativas alejará al país de la dependencia de la energía hidroeléctrica de las represas sobre el río Caroní.

Telecomunicaciones

La Compañía Anónima Teléfonos de Venezuela (CANTV) y su filial de telefonía celular Movilnet, será desestatizada en la primera etapa del proceso de desestatización de empresas públicas.

El servicio de internet amerita una serie de inversiones para modernizar sus sistemas. El chavismo utilizó la censura en internet con fines políticos y los responsables deberán responder ante la justicia.

La telefonía móvil celular sufrió un deterioro grave debido a la delincuencia, la nueva política de seguridad garantizará que los equipos de antenas y repetidoras no sufran daños y sean apresados los responsables de estos delitos a la propiedad privada.

Reflexiones finales

El camino de Venezuela hacia la democracia es una tarea de todos los venezolanos y de todos los ciudadanos del mundo, que entiendan la importancia de la estabilidad, de una nación que posee la primera reserva de petróleo del mundo.

Los cambios constitucionales y la reforma del Estado, es el primer paso para la transformación de Venezuela y su ubicación en el mundo político, económico y social del siglo XXI.

El paso más difícil para la transformación de Venezuela es cambiar la mentalidad de sus ciudadanos, que han sido sometidos por el comunismo a una serie de operaciones psicológicas de larga data, que les han llevado a la sumisión, el conformismo y la desvirtuación como sociedad.

La reconstrucción económica de Venezuela, puede darse en primer lugar de la reconstrucción del mercado interno, de la propia desestatización de la economía y la superación de los efectos de la enfermedad holandesa debido al petróleo: reconstruyendo el país y estabilizándolo. En segundo lugar, se deben hacer más competitivas a las nuevas empresas para poder trascender al mercado regional y continental de América y luego del resto del mundo.

Una Venezuela con pleno desarrollo económico es posible, con una economía competitiva, de libre competencia y de emprendimiento es posible. La tarea y el deber de nuestra generación es definir y comenzar a transitar el nuevo rumbo de la nación venezolana. ¡El tiempo es ahora! ¡Viva Venezuela!

Carlos Luis Leal Ollarves

www.ingramcontent.com/pod-product-compliance
Lightning Source LLC
Chambersburg PA
CBHW080409290526
45791CB00008BA/2200